Just create!

许添盛　著

宝贝，
愿你活出生命本来的样子

当代中国出版社
Contemporary China Publishing House
2019 年 · 北京

图书在版编目（CIP）数据

宝贝，愿你活出生命本来的样子 / 许添盛著 . -- 北京：当代中国出版社，2019.12
ISBN 978-7-5154-0987-0

Ⅰ . ①宝… Ⅱ . ①许… Ⅲ . ①家庭教育 Ⅳ . ① G78

中国版本图书馆 CIP 数据核字（2019）第 257652 号

出 版 人 曹宏举
责任编辑 姜楷杰
特约策划 王文侠
内文插图 视觉中国
装帧设计 嫁衣工舍
出版发行 当代中国出版社
地　　址 北京市地安门西大街旌勇里 8 号
网　　址 http://www.ddzg.net　　邮箱：ddzgcbs@sina.com
邮政编码 100009
编 辑 部 （010）66572264　66572154　66572132　66572180
市 场 部 （010）66572281　66572161　66572157　83221785
印　　刷 天津图文方嘉印刷有限公司
开　　本 700 毫米 ×1000 毫米　1/16
印　　张 15 印张　160 千字
版　　次 2019 年 12 月第 1 版
印　　次 2019 年 12 月第 1 次印刷
定　　价：52.00 元

序　言

如何拥有更好的亲子关系

如何过好自己的家庭生活，是每个人的必修课。因为人一辈子待在家里的时间最长，跟自己的家人相处的时间最多。

许多父母带着孩子找到我，要我帮助他的孩子，而我总是说："我不只要帮助你的孩子，我还必须帮助你认识你自己、认识你与孩子的关系，也可以帮助你将孩子的个性与人格整合到你的内心。"

当家中有了孩子时，你会发现孩子具有许多作用，他不仅代表新生命的开启，有时还会演出父母个性中不曾展现的黑暗面。有些孩子会展现父母的缺点，个性固执、脾气坏又欠扁；有些孩子则会展现父母的光明面，懂事又贴心。

然而，无论是哪种类型的孩子，都是他父母的心灵的延伸，所以我常告诉为人父母者："别把孩子当孩子，要把孩子当镜子。在这面镜子里，你看到了什么？你想改变孩子、帮助孩子，最好的方式就是先探讨自己的心灵，追求自我的心灵成长。"你无法要求孩子立刻改变，却能通过你自身能量的转变，让你的孩子跟着变。

俗话说，"养儿方知父母恩"，唯有在你当了父母之后，才能懂得当初你的父母是以什么样的心情对待你。你越是排斥孩子，孩子的表现就越差，当你不知如何处理你和孩子的关系时，请先回头处理你与自己父母的关系。如果你不解决自己与父母之间的问题，你与孩子的不良关系就会延续下去。一旦你面对了自己与父母的关系，你的心灵便会开始转化，进而影响到你的孩子。

对很多人而言，这世间最重要的关系，莫过于亲子关系，其经营可以说是人生最大的挑战，亦是最强大的爱的能量交流。在这股爱的能量面前，你必须诚实地面对自己的心灵，看清楚自己的黑暗面，你内心存在着什么负能量——痛苦、悲哀、自责、无价值感等等。直到你能够坦然地面对自己、接纳自己时，再回头看看你的父母、孩子，就会发现：人生所有的乌云都已散去，对自己何以存在、何以与自己的父母、孩子有所关联已然分明，内心充满海阔天空的自在与喜悦。

你因此也会知道，原来一切的安排都是为了爱，都是为了心灵的学习与成长，从此，你和父母、孩子的关系会逐渐转变，让彼此都能快乐地学习与成长，家庭生活也会开始出现变化。你会发现，孩子的存在不是为了让你头痛、担心，而是扮演着启发你、引领你的角色，你会因为孩子而更深刻地认识自己的内在。

很多人觉得自己比父母懂得更多、更有能力，同样，你的孩子也会认为自己比你优秀。事实上也的确如此。那些一天到晚担心孩子的父母们，应该先担心自己，如同许多人都觉得父母对自己的担心是多余的，你的孩子恐怕也是这么认为的。所以，与其担心孩子，不如先搞定自身的问题，因为你在孩子身上看到的问题，可能都源自身为父母的你。孩子有他与生俱来的挑战，但父母通常都把自己的问题投射到孩子身上，使得孩子“一根蜡烛两头烧”，当然就痛苦不堪了！因此，只要先解决你自身的问题，孩子自然就没有什么问题了。

目 录

第三章　别长成大人那样的“笨”脑子

第四章　唤醒孩子的心灵大地

第五章　健康家庭，爱的逻辑

第六章　教子有方，其实不难

第七章　新时代儿童全人教育观

第八章　让孩子展开生命的翅膀

第九章　我家小孩很敏感

附　录　许医师亲子聊天室

孩子的存在是要唤醒父母的赤子之心，让大人们去反省自己的生命是否仍要这样继续过下去。在教育孩子的过程中，孩子除了有助于唤醒我们的“内在小孩”，也能让我们的生命再度充满纯真与活力。

第一章

遇见孩子，遇见更好的自己

爱，不要求牺牲，也不必牺牲

一位母亲说："为了孩子，我忍着不离婚，为他放弃了我的一生，放弃了追求幸福的权利。"

一位父亲说："为了我的婚姻，太太、小孩，我把时间精力放在他们身上，放弃了自我的理想。"

一个孩子说："为了我的父母，我放弃了自己想过的生活，一心一意地照顾他们。"

乍听之下，似乎理所当然，仿佛就是一种"爱的牺牲"，为了实现对家人的爱而牺牲了自己。然而，爱真的必须牺牲自我吗？

关于这个问题，赛斯曾说："通常，自我牺牲是指把你自己这个负担丢到别人身上，而使它变成他们的责任。"

就实质而言，宣称为别人牺牲、为别人而活是容易的。因为这是一个非常好的借口，可以完全不用去为自己的人生负责，也完全不用面对为自己而活这件事。

当孩子为了照顾父母而放弃自己的生活时，其实真正的意思是："我害怕去过我自己的生活，也害怕让父母去过他们自己的生活。因此，在放弃我自己的生活时，我同时获得了内心想要的生活。”

爱并不一定要求牺牲。那些害怕去肯定他们自身存在的人，也害怕让别人为他们自己而活。许许多多的人假爱之名，将孩子“绑”在自己的身边，就仿佛将野雁的翅膀剪断，使其不再有冒险、挑战及自我成长的天空。因此，你有了一个在你的羽翼保护下的长不大的小孩。对孩子，对你自己，一点好处也没有。

当扣上爱及自我牺牲的大帽子后，你可能因为照料年迈双亲而心力交瘁，但你没注意到的是，你的悉心照料也可能导致了他们的无力感、无助感，使他们更易体弱多病。

真正的爱应该带来一种力量、一种肯定——肯定自己、自己的小孩、自己的双亲，让他们都有力量追求自己想要的人生。

做好父母，首先肯定自我的价值

很多人这辈子很忙碌、很辛苦，但这种忙碌、辛苦本身不见得有价值。

价值是什么？人们会依照内心对自己价值的判定，而跟符合自我价值的人成为男女朋友或夫妻。一个人内在的自我价值，跟外在的条件不一定画等号。外在条件只是一个参考，真正决定自我价值的是内在自我的信念。所以一定要问自己：我有没有真正好好地爱自己？我有没有真正好好地肯定自己？有没有去面对我的自卑？

全天下的父母都很爱孩子，可是对孩子的爱与付出，有没有得到孩子的珍惜与肯定？很多小孩不想被管教，也不想被唠叨、被约束，孩子越不听话，父母就越伤心，好像他们不了解父母的爱与用心。可是，孩子真的不爱父母吗？其实不是。为什么会产生这么大的落差？关键还是在于自我价值的判定。

在亲子教育中，重点不在于你对孩子说了什么、做了什么，而在于你是什么。因为孩子会通过潜意识接收到你内在的自我价值。天下的父母都想培养出有自信的孩子，可是当你面对孩子的时候，会认为自己是有自我价值的父母吗？你会不会觉得对孩子的爱与陪伴是廉价的呢？对于认为有价值的事情，人们往往愿意去花时间、精力、金钱，而对于认为没有价值的事情，即便多花一块钱、一分钟也不愿意。

当你面对小孩时，要问自己："我有好好地爱自己吗？我是一个有价值的爸爸、妈妈吗？我有没有让孩子觉得我是一个经常自我肯定的父亲、母亲？"如果你能好好爱自己，就会让孩子看到你的价值；他看到了父母本身的价值，就会慢慢建立自我的价值，在学校会主动自发学习，在社会上能堂堂正正做人。

如果你的自我价值像个乞丐，在面对孩子的时候，从来没有好好肯定自己、爱自己，那么你给孩子的这份爱就是廉价的。而孩子在潜意识中受到父母的影响，也会是一个"爱的乞丐"，永远在乎别人的看法、等待别人的认同，永远在"讨爱"！如果你的爱是没有价值的，那么给出的爱也往往是没有价值的，你从来没有让孩子看到或感受到自己的价值，最终这个价值也不会转移到孩子身上。

如果你是一个有价值、能够肯定自我的人，其实只要给一点出去，孩子就能感受到。相反，你付出再多，到头来却发现孩子从来没有把你放在眼里。身为父母，如何好好爱自己、善于肯定自我，比去学任何亲子沟通技巧都重要。

决定人生胜负的关键是真正的自我价值的发掘。当你找到自己的价值，并且善于肯定自我时，你的人生就会大不同。

孩子都是老灵魂

我小时候总是告诉自己："生命是美好的，每天都是新的一天。"我的脑子里充满着各式各样的想法，还经常与周围的人分享，希望大家每天都像我一样充满朝气、活力。

事实上，每个孩子都是充满想法和活力的。这里告诉各位一个重要观念——孩子都是老灵魂。

以前的教育理念认为，孩子是一张纯洁无瑕的白纸，父母按照自己心目中的好方法来教育孩子，教他往东，他就会往东；教他往西，他就会往西；教他什么，他就会学什么。许多父母都喜欢帮孩子做决定，告诉孩子你应该吃这个、应该学那个，应该这样做或那样做。

父母把孩子当成一个可以任意去对待的个体，这是不对的。孩子什么事情都不用自己做，只要学习好，这种教育是最糟糕的教育。

经常有很多父母无奈地跟我说："许医师，我不知道怎么教孩子。孩子情绪有问题，学习有问题，每次沟通的情况都很糟糕……"我通常会告诉这些父母，当你不知道怎么教育孩子时，你就问他："宝贝，你希望爸爸妈妈怎么教你？"

孩子也许会说：“你们要少骂我，多鼓励我！”“我做功课时，你能不能常常陪在我身边？”“学校的老师很凶，我可不可以换一个老师？”“我放了学以后不喜欢去补习班，不喜欢去钢琴班！”“我可不可以自己在家读书，或者请个家教来教我？”……你会发现，孩子真的有很多想法，他自己就会告诉你如何教他。

当我们说“孩子都是老灵魂”时，就是要了解：在孩子的内心里，其实什么都有了！要把孩子视为一个小宇宙，在小宇宙当中有着所有的资讯，而父母扮演的只是一个“启发者”的角色。

所谓“启发者”，就是——我相信孩子会，我只是负责引导，最重要的老师就是孩子自己。这就是启发式的教育观念，同时也是最重要的教育观念——相信孩子的潜能是无限的。我们一定要学会尊重孩子的生命，孩子的能力不是父母给的。

在发展教育学的理论中，这叫作“先天气质”。每个孩子生下来时的个性、脾气、反应力都不一样，有的孩子只要吃饱了就在那里乖乖睡觉，有的孩子吃饱了还是会哭闹；有的孩子肚子饿了，哭一两声告诉你就好了，有的孩子却哭得很凶。

当我们说“孩子都是老灵魂”时，我们得以尊重的态度对待孩子，甚至要把他当作一个古老的、有智慧的个体。很多人经常说，现在的孩子很难教，因为他们太聪明了，从小就懂得察言观色，甚至明白很多大人的想法。

曾经有个妈妈就告诉我，有时她问孩子：“在学校的学习有什么困难吗？”她的孩子居然回答说：“妈妈，你让我思考一下，我觉得这个问题很复杂。”各位，很小的孩子就懂得思考了哦，他们还知道这个问题很复杂。

比较起来，我们这代人在童年时代就比较单纯，现在三四岁的孩子，其实已经像是以前六七岁的孩子；现在十六七岁的青少年，心智年龄差不多就是以前二十几岁的成熟程度，甚至有些孩子比父母还要成熟。我就遇过一个案例，一对夫妻离婚了，妈妈很伤心难过，孩子却安慰她：“妈妈，没有关系，既然爸爸不负责任，我觉得这样的男人在家里对我们也没有什么好处。妈妈，我们两个人可以一起奋斗，而且你还这么清纯可爱，将来一定会有爱你的叔叔出现。”各位，这个孩子才读小学呀！

现在的孩子真的跟以前的孩子是不一样的。当我们开始体认“孩子都是老灵魂”的新观念，以尊重的眼光来看他们时，会看出很多过去所看不到的东西；当你了解到“孩子都是老灵魂”时，如何教养他也就变得事半功倍了。

活出自己，才是对孩子最棒的示范

我爸爸在我小的时候常常对我进行说教，总是把他的人生经验分享给我，时间长了，我发现他来来去去都是那些话。说真的，我现在已经不太记得他要我“永远记住”的那些话了。

或许这就是我爸爸爱我的方式，他没有接触过关于心灵成长的知识，也不知道如何与孩子进行有效沟通，在他的观念中，沟通就是我要听他说，而且不能顶撞。或许他并不知道，我只想和他聊聊感受，而不是听他讲道理。或许，每一个小孩都渴望被大人了解、理解，而不是被灌输经验。

如何与孩子进行有效沟通？

对于一个自卑的孩子，如果家长说：“你要坚强，你要有信心，你要多肯定自己。”这些道理讲多了也没有用，而且没有力量。孩子会说：“你又来那套了，我知道你又要跟我讲鼓励的话了。”实际上，你第一句话要说：“其实不是只有你自卑，老实告诉你，我比你还自卑。”你要开始学习在孩子的面前剖析、吐露自己真正的内心。过去我们都是颠倒过来，好像要去克服缺点才行，想通过正面思想告诉孩子：“不用害怕自卑，妈妈也曾经自卑，但后来克服了，我来教你怎么克服自卑。”你认为这些话小孩会相信吗？其实你根本没有真正克服，但你却想教他怎么克服。

你只有在孩子面前说出你的真实感受，才有可能跟孩子真正交心。同样的问题，如果你自己都还没有在内心真正解决，那你讲给孩子的那些外在方法是没有什么用的。

唯有先回来面对你自己，然后才能帮到孩子，因为孩子真的会表现和演出你内心潜藏的自己。例如，有人跟我说他很害怕，我会说我也很害怕，我比你还害怕，让我们一起来面对内心的害怕吧！当你这样说的时候，是在很真实地面对自我。当你的孩子感受到你真的愿意跟他说内在的感受，而不是讲那些安慰的话、鼓励的话和外在的话，他就能够接受。

好的沟通是先回来面对自己，慢慢开始自我疗愈。当你勇敢面对自己的内心时，你的内心会发生改变，整个家庭的能量也会发生改变。真实的内心感受不是去责备别人，也不是让别人觉得是他的错，而是你能够沟通你内心很真实的感受。

很多孩子会叛逆，往往是因为他们不愿成为跟父母一样的人，所以会对抗父母的教育方式。教育的精髓在于，我们用自己所是的那个大人，呈现出来给孩子看，这就是教育。

做父母的必须自问：我的内心是否喜悦、自在？是否能感受到生命的价值和成就？你若是办不到，那孩子当然不愿意步你的后尘。父母的生命往往被压缩到为了符合现实生活而存在，但孩子却觉得自己的生命是为了追求理想和快乐而存在，这是两种完全不同的逻辑。

有时，孩子的存在是要唤醒父母的赤子之心，让大人们去反省自己

的生命是否仍要这样继续过下去。在教育孩子的过程中，孩子除了有助于唤醒我们的“内在小孩”，也能让我们的生命再度充满纯真与活力。

我们要永远记住，能够真正活出自己，才是对孩子最棒的示范。

满足爱，而不是满足期待

为什么我们在父母面前常常无法做真实的自己？这是因为，你发现你是可以不够好的。人生在世，探索内在、了解自己最重要；让自己变得越来越好，赢过别人，反而不是重点。

让自己越变越好，是一个很可怕的陷阱。因为你永远不会足够好，永远不会到最好的顶点，所以你永远觉得不自在、痛苦，且陷于不得解脱之中。探索自己的内在，是为了发现你是可以不够好的。

有人问我，婆婆对她很苛刻，如何原谅婆婆？我告诉她："你可以不原谅你的婆婆，可以不用逼自己为了原谅婆婆而原谅婆婆。如果硬要原谅，你其实永远原谅不了她，你的内外是分裂的。当你觉得你是可以不原谅婆婆的，从那时候起，你就开始打心底慢慢原谅她了。"

我们经常需要颠倒过来看问题，当你接受自己是可以不用原谅他人的，不用勉强自己做到，当下就解脱自在了，内外就没有拉扯与冲突了。

当你遭逢挫败、沮丧时，并不是一直要把自己赶快拉起来，而是要接纳自己：我再怎么糟糕都没有关系，我并没有非得变好的需要。这样想，会不会有自在安心的感觉？

当你心安、自在了，没有在头脑中想把自己变好时，却不知怎的，不知不觉地越来越好。从你没有打算把自己变好之后，却一天比一天好。当你想把自己变好，是在用自己的头脑、逻辑与理性，其实跟内心是分裂的。当你真的觉得自己是可以不够好的，是可以让父母失望的，你才做到了真正的接纳，接纳了自己所有好与坏的部分。

孩子在父母面前，通常报喜不报忧，一直想要呈现最好的那一面给他们看，让他们有面子，希望得到他们的肯定。太多的孩子被父母拿出来当作面子，去跟别人的孩子比较。在孩子表现良好、优秀的时候，父母肯定欢喜，此时孩子可以大大方方出现在他们面前；但在表现平平、一事无成的时候，孩子却羞于见父母，而父母在别人面前可能也会尽量避免提到自己的孩子。有这样的差别，还叫作“爱”吗？于是，我们越来越无法在父母面前呈现真实的自己。

多少孩子因为父母的面子，而苦了一辈子。当你可以接受自己、面对自己，在父母面前呈现软弱、脆弱、不够好、没有用的自己时，才会让自己真正心安、自在。实际上，亲子之间一直有条巨大的鸿沟，有很多事情与心情跟家人是不能讲的，家庭成员间的情感在有些情况下是无法流动的。

那些在街头飙车、打架的孩子，真的都被他们的父母接纳了吗？当我们父母对孩子有所期待、希望孩子功成名就时，却忽略了必须接纳孩子的全部，包括他们的不够好。

所谓“做自己”，是说你能勇敢表达自己的感受，而不是流于表面形式，不是只讲道理，而没有感受的交流。当你能够承认自己的感受，能够接受自己可以不够好，能够接受自己是令人失望的，承认自己的确没有达到父母的期待时，你就不会陷入很深的自责、不安、痛苦。

我们努力不让父母担心，这并没有错，可是当我们越不想让父母担心，越可能把苦痛藏在心里。其实，孩子不应该承担拯救父母婚姻的责任，也不是父母的救赎，或让父母有面子的工具；孩子更不必为了达到父母的期待，而放弃自己的想法。父母说的不见得都是对的，他们也需要学习调整自己的想法、改变自己。如此，家庭才会有更多、更通畅的情感的流动和爱的交流。

孩子愿意为了爱而努力

如今，人们越来越重视家庭生活和亲子间的互动关系，父母也开始关注孩子的整体健康与发展。但在从前，我们大多是背负着父母心中“孩子，我要你比我强”的期待而前行。现在，我就来谈谈如何破除这份如魔咒般的迷思。

我想先从自己的成长经历谈起。我来自农村贫困家庭，自幼就是个乖巧懂事的小孩。我父亲当过农夫、工地工人、建筑承包商，也曾嗜酒，母亲在家种田、照顾孩子。虽然父母并未特别给我压力，但我知道优异的课业成绩能让他们满足、开心。于是，我从中学起便懂得要不断往前冲，经常熬夜读书，最后一路过关斩将，考入著名的医学院。

到念大学时，我的内心变得非常挣扎，开始思考自己到底想过什么样的人生，要开创什么样的未来。这些都是我过去未曾想过的问题。我曾经痛恨自己，认为自己这一生只是用来达成父母未得到的社会地位和期望而已。

记得大二期中考时，我的有机化学完全没准备，内心怀疑自己这一切努力所为何来。最后，我痛苦地跪在家中厨房的地板上，回想自己跟父母关系发展的过程，突然明白父母对我的期待背后其实存在着一份爱，而我愿意为了这份爱而努力，想到这，我豁然开朗。

回想那段成长中的心路历程，我当时甚至曾希望父亲早点死去，这样我就可以不必担心是否符合父亲的期望，而能够做真正的自己。当一个孩子因表现优异而成为家中的炫耀品时，他也很可能成为这个家庭的祭品。所以，当我们谈到父母对孩子的期待时，必须让孩子明白，你对他的爱高于对他的期待、要求。唯有当孩子感受到这点时，他才愿意因为这份爱而努力，学业、事业才会突飞猛进。

不要因为孩子考试名次垫底、赛跑最后一名等表现，就觉得孩子一无是处，断言孩子未来必定一无所成。很多父母经常在做这样的事，这对孩子一点帮助也没有。正确的做法是，尽力让孩子知道，即便他的表现差，爸爸妈妈也对他有信心，并且永远不会放弃他。

孩子最心痛的，无非是在父母眼中看见对他的失望，不再以他为荣。即便是成年人，让父母感到失望时，也会心如刀割、暗夜哭泣，更何况是孩子。许多孩子都是为了父母而奋斗，最大的愿望莫过于让父母为他感到骄傲。

你为人父母，就要成为负责任的双亲，并且通过你来开启孩子的潜能。最悲惨的孩子是被父母抛弃的孩子。有些父母虽然在经济上没有抛弃孩子，但在内心早就放弃了孩子，不再关心、看重孩子，甚至对孩子失望透顶了。

不要以为你对孩子失望，受伤的只有你一个人，你的孩子绝对比你伤得更重，因为你对孩子的失望，也会导致孩子对自己失望。为了避免这样的悲剧，请你肯定、认同你的孩子，永远不要放弃他。你可以握紧孩子的手，对他说：“无论你功课好不好、长大后一个月赚多少钱，爸妈永远对你有信心！”孩子可能会因为你的不断鼓励而拥有更美好的人生。

世间不知有多少人，在生命最困顿时，因着父母说过的话而重新站了起来，也许是：“孩子，你永远是爸妈的骄傲！”“孩子，比不比得上别人不重要，只要勇敢地做自己，你就能开创属于自己的康庄大道！”这也是最重要的信心教育。

把家庭营造成一个有爱、支持与同理心的温馨港湾，当整个家处在爱的氛围之中时，这个家就会越来越有活力了。这就是爱、支持与同理心的力量，它让每个家庭都能流动着爱的能量。

第二章
无条件的爱

孩子不是父母的面子工具

以前有一句话，叫“养儿防老”，这个概念在现代社会中受到非常大的冲击，社会快速变迁之后，现代人养育孩子，养儿防老的心态渐渐被淡化了。这也让孩子与父母之间的互动更能回到一种“爱的去往关系”的本质。

在西方，大部分父母把孩子养大后，便让孩子自己去走人生的道路，希望他对自己有信心，并自由发展，而不把过度的期望放在孩子身上。他们通常不会干涉孩子要做哪个行业、读什么大学，代孩子规划前途。但是，东方人往往有较多的规定或限制心态，倾向于要求且期待孩子应该如何如何。

拿我自己做例子吧！我在考大学时，因为成绩比较优秀，父母希望我朝医学的方向发展。当年我自己也没有特别的想法，便按照父母的期望而行，现在再回想，不禁要问：如果当年我不喜欢当医生，或者不是对医学有热忱的人呢？那么，可能我自己或父母其中有一方会因此而痛苦吧！

我辅导过一个法律系毕业生，她一直在准备律师资格考试，她的母亲也是从事法律方面的工作，所以对她期望很高。后来，这个女生产生了很严重的精神困扰，因为她考了好几次都未能通过，压力很大，生怕辜负了父母的期望。

我常说，孩子不是让父母有面子的工具。希望天下父母的观念能有一点小小改变，明白孩子不是父母用以觉得骄傲、成功和维护面子的工具，孩子有自己的道路要走。

记得有一次，我爸爸跟我聊天时说："儿子，爸爸还有很多人生的理想尚未达成……"

我马上跟他说："停！爸爸，我知道您要说什么，接下来您是不是想说：儿子，爸爸的很多理想这辈子来不及达成，现在责任落在了你身上？爸爸，对不起，您今年才 73 岁，手脚健全、头脑灵活，您的很多人生理想，可以自己去努力啊！想想看，如果我用自己的人生来实现您的理想，那我自己的理想就没有时间去实现了，那么，我的理想怎么办？"

爸爸说："你以后可以让你儿子帮你实现啊！"

我半开玩笑地回答："可是，万一我生不出小孩，或者我儿子长大了告诉我，爸爸，那是你自己的事，不关我的事，这样我不是两头落空吗？"

何以中国的孩子比西方的孩子活得更为辛苦？原因之一，便是中国的孩子这种压力特别大。

建议各位父母，学习把对子女的期望收回来，活在当下，想做什么就自己去开创，不要把压力和期待丢给孩子。每个人的人生要面对的问题、要去探求的新领域，就是如何开创自己的未来。当然，父母更要告诉自己的小孩：“你可以全心全意做自己，我们永远支持你、鼓励你、相信你！”让亲子关系建立在以爱为本质的了解和支持上，别让孩子在人生道路上背负太高的期望。让年轻人有他自己的样子，抬头挺胸、神采飞扬，鼓励他们昂首阔步去开创无限的未来，这样的人生多么美好！

孩子对父母的爱是无条件的

很多人都在强调父母对孩子的爱是无私的，可是我却常发现，其实孩子对父母的爱才是无条件的，而父母对孩子的爱却是有条件的。

父母都希望孩子乖、听话、功课好，所以常跟孩子说："你要学好功课，这样妈妈就爱你；你要听爸爸妈妈的话，不然我们就不爱你了。"可是，从来没有孩子会跟爸爸说："你挣的钱不够多，你不是我的好爸爸。"孩子也不会跟妈妈说："你煮的菜很难吃，你这样不能当好妈妈。你过马路不遵守交通规则，所以你不是好妈妈。"孩子不会去分辨父母的好坏。

当然，孩子慢慢长大了，到了青春叛逆期，可能会对父母有所不满，觉得父母给的零用钱不够多，觉得父母管得太严格，这时候自然会有很多的抱怨和不满。但在孩子小的时候，他对父母的爱的确是没有条件的。孩子不会区别父母工作的贵贱，也不会以父母在社会上的地位高低来决定爱不爱父母。不只如此，在孩子的心目中，父母就像上帝一样全能，所有的衣食住行，全都源自父母。如果没有父母的照顾，孩子根本没有能力活下去。所以，孩子对父母的爱里面，那样一个全能的投射成分是很高的，父母不仅提供给他一切照顾，也是唯一且绝对值得信赖的对象。

因此，父母可以从孩子身上得到无条件的信赖、爱与支持的力量。很多父母会说，养小孩的负担好重，教育费用太高，社会竞争很激烈；不过就在几十年前，有人生了七八个小孩也没有这么大的压力，何以现在的父母生了一个孩子就觉得压力很大呢？可能是因为我们太单向式地看待这件事情了。其实，孩子会给父母向上奋斗的力量，会给父母无条件的爱。

当父母遇到一些困境时，可以试着告诉你的孩子，让他来安慰你。假设我是一个爸爸，我可以这样对孩子说："爸爸今天上班时遇到一些不顺利的事情，你可不可以来安慰安慰我？给我一个拥抱、一个爱的鼓励？"孩子一定会很高兴，因为孩子都喜欢为父母付出，喜欢能够帮上爸妈的忙。假设我是一个母亲，我会跟孩子说："宝贝，今天妈妈上班很累啊，我刚才又给你做晚饭，你能不能帮我捶背呢？"孩子就会很高兴自己可以帮妈妈捶背，觉得这么做能让妈妈更幸福。妈妈在做饭或爸爸在工作时，可以安排一些没有危险性的事情，让孩子一起参与，这会是很棒的互动过程。

为什么许多父母把亲子关系搞得那么紧张，而不能够与孩子和谐相处呢？原因就是我们没有让这种爱的互助与合作在家里表现出来。建议各位父母，试着让孩子能够帮上我们的忙，心情不好时也能让孩子来安慰我们，那么，家庭的关系就会更和谐。

不过也要切记，不要把孩子当作自己情绪的垃圾桶，也不要有任何不高兴就发泄在孩子身上。例如夫妻在孩子面前吵架、数落对方，妈妈说爸爸有多糟糕，爸爸说妈妈有多糟糕，就会把不快乐带给孩子，造成孩子的情绪障碍。父母在孩子面前要互相称赞对方，当然也别忘了要常常表扬孩子。

把家庭营造成一个有爱、支持与同理心的温馨港湾，当整个家处在爱的氛围之中时，这个家就会越来越有活力了。这就是爱、支持与同理心的力量，它让每个家庭都能流动着爱的能量。

肯定感让孩子找到人生的价值

快乐的童年，很可能是我们一辈子最重要的回忆。在我帮助过的许多成年人中，当我问他们，你觉得成人快乐还是儿童快乐？他们往往会告诉我，这一辈子只有当儿童的时候最快乐，因为慢慢长大了，功课、前途、婚姻……所有的压力都来了。所以，我们一定要好好珍惜快乐的童年。

在孩子的童年时代，父母、老师要使孩子有一个正面、积极的人生态度，也就是让孩子对自己有肯定感，要经常跟他说："孩子，你要肯定自己哟！你要学会接受你自己、赞美你自己、肯定你的今天，好好地让你的今天过得充实和美好。"

记得有一部电影叫作《好好先生》，讲的就是一个关于"肯定"的故事。我在电影中看到这样的情节：有一位男性，婚姻不满意、工作不得意，因为他总是以否定的态度去面对生活，他拒绝任何朋友的邀约和活动，也否定了自己生命的价值，总觉得自己不够好。

"我不够好！"太多人都有这样负面的人生态度，什么地方不够好呢？爸妈比人家穷，自己长得既丑又矮，总是被人欺负，被老师和亲友讨厌，功课不好，打架老是输……总之，有太多方面可以让一个人觉得自己不够好。可是，当一个人从小到大一直觉得自己不够好，他也会因此疑惑：爸妈是不是不爱我？老师是否不喜欢我？上司、同事是不是厌恶我？这样的人，他会连带产生很多疑虑、担心和害怕，人生中的许多痛苦也都来自对自我的否定和批判。

我辅导过不少不快乐的孩子，他们就是这样告诉我的："许医生，我觉得我活着真没有用，什么都比不上别人，我觉得自己是多余的。"此时，我会笃定地对他们说："你一定有自己还没找到、没发现到，因而尚未肯定到的优点。"

每个人一定都有他的独特之处。比如我问一个问题："是玫瑰花比较漂亮还是百合花比较漂亮？"大多数人都会回答："两个都很漂亮啊！"我也常常问孩子们："苹果好吃还是香蕉好吃？水蜜桃好吃还是哈密瓜好吃？"有的孩子会说："我比较喜欢吃苹果，可是香蕉也不错啊！"这时，我便会强调："对呀，人就像水果一样，每个人都不同，但每个人都有他的好，那么，你要不要肯定你自己啊？"

各位父母、老师，尤其是幼儿园和小学的老师，希望你们每天可以教孩子跳一支"肯定之舞"，不管是怎么跳，无论转圈、拍手，都可以。总之，我们要告诉他："孩子，你很棒！"你可以尽情赞美孩子，只要注意别让他太过自大就好了。如果孩子从小就建立起健全的自我价值，他以后也能在生活、学习等各方面都肯定自己。就像刚才举的例子，无论是百合花还是玫瑰花，不管什么样的花，只要你肯定了自己，找到了自己，那么，你就不会老是觉得自己不够好。

此外，我们还要去了解孩子为什么老是觉得自己不够好。我经常关心地问一些孩子："你要不要跟我说说你的不开心？你觉得自己不够好的地方是哪些？"他会告诉我："因为妈妈老是说我这里不行、那里不对，爸爸也常常骂我。"这时，我会告诉他："那是因为他们太爱你了，不然你问你的爸妈，如果把你跟别的孩子换过来，他们同不同意？当然不可能，因为你是他们心目中的宝贝啊！"

为人父母者，我们要肯定孩子，也别忘了自我肯定——肯定你的今天，肯定你生命的价值，肯定你每天的生活，肯定所有这一切都是一种学习、成长。

没有问题孩子，只有问题家庭

我常讲一句话，没有问题孩子，只有问题家庭与问题社会。我接触过许多离家出走的孩子，其实，他们离家出走的用意，都是希望父母能够自我反省、自我觉察。当孩子出现离家出走或翘课逃学的情况，父母不能只知道批评、责骂，一定要好好探讨他行为背后的心理因素。

大多数孩子都是在家庭里长大的，但遇到不佳的状况时，家长往往只会说："这孩子有问题。"可是，我常常问那些离家出走的孩子："难道外面比家里温暖吗？外面有三餐可以吃吗？外面有人关心你吗？"孩子会说："叔叔，你想想看，如果家庭温暖，谁不想回家啊？"其实很多上班族也是一样，有时上班族为什么不需要加班也赖在单位，而不想回家？因为家里吵吵闹闹，一刻不得安宁，没有人关心他，回到家后感觉更孤独、更寂寞。所以说，为什么孩子有家归不得、有家不想回，一定是这个家庭出现问题了。

曾经有一位母亲带着孩子来找我，她说："这孩子很不乖，已经离家出走两三次了，每次离家出走就住在公园里，就在外面游荡。"大家想想看，如果是在冬天，外面天气寒冷，那得多辛苦、多煎熬啊？

听完这位母亲的抱怨，我请她先到诊疗室外面，只留下孩子，我问孩子："我知道其实你并不想离家出走，你一定是很辛苦的，可以告诉我发生了什么吗？看你这样子离家出走，家里人担心，我也很担心。你愿意告诉我，让我来帮助你吗？"在这种时候，大人一定要以平等的姿态对待孩子，如果你用指责的口气对他说："你知不知道离家出走是不对的？你知不知道妈妈会担心？你知不知道外面多危险？"那么，孩子一定什么话都不想跟你说，沟通的大门立刻关闭。跟孩子谈话时，请先放低身段，可以温柔地握着孩子的手，或搂着他的肩膀。

这个孩子告诉我，其实他并不想离家出走，但因为现在这个妈妈是爸爸后来再娶的，也就是他的继母，他和生母已经好久没见面了，而爸爸大部分时候都在外地工作，继母经常对他说："你再不听话，我就把你送到孤儿院去，反正你也不是我亲生的！"因为孩子比较调皮，这个继母当然是在吓唬孩子，希望他乖一点，可是她这样说话也是太伤人了。孩子于是就把这些话放在心上，他想，既然你要把我送到孤儿院，那与其等着被送走，不如我自己独立给你看。所以，孩子就开始学会离家出走、说谎，学会在外面过夜，因为反正早晚都要被赶出去。

这样一看，真是误会大了！原来孩子的离家出走，是因为心理受到伤害了，他把继母说的话当真了。在跟孩子谈完之后，我就把这位母亲请到诊疗室里面，让她了解孩子心里面的害怕。我说："你的孩子之所以离家出走，是因为害怕如果他不听话，你随时会把他赶走，所以他才打算自己独立。你如果真的要把他赶走，就老实告诉他；可是如果你没有这个心，请不要再跟他说这样的话了，因为孩子会把大人说的话当真的！”当我帮这位母亲做了这样的辅导和教育之后，她果真就开始改变了，孩子的行为于是也开始改变了。

许多大人都会无意识或不经意地威胁孩子，尤其脾气一来时，就说出“你再不乖，我就不理你了”“你再不乖，我就要把你送给别人”“我不要你了，你去给别人当小孩”种种令孩子伤心、害怕的言语。各位亲爱的父母，这种话请千万不要再讲了，因为孩子很单纯，他真的会相信。父母如果一再说出这种话来，岂不是比小孩还幼稚、还不成熟？

许多孩子离家出走、翘课逃学，极有可能是他觉得父母根本不关心他，他心里会想，反正你们有我没我都没差别。如果你的孩子说：“你们根本不爱我，根本不在乎我，我离家出走关你什么事？”请各位父母真的不要生气，更不要揍他，其实他只是想说：“爸爸妈妈，我好爱你们，你们多抽一点时间关心我好不好？好希望你们听我说说话、多陪我一下。”这时，真的只有父母耐心的陪伴是有效的，孩子需要的就是你们！

过度保护是一种焦虑病

在父母的期待和学业的压力之下，有些孩子会产生身心方面的困扰。比如我辅导过一个孩子，才小学三年级，就已经出现了早熟的强迫症症状，容易紧张和担心，常会问他的爸爸妈妈："我有没有做错什么？我有没有说错话？"在谈话的过程中，我发现他已经失去了安全感。

安全感是很重要的，无论大人还是小孩，都应该在安全的环境下生活。然而，这个孩子为什么失去了安全感？原来，他的亲生父亲在两年前因癌症过世了，妈妈再婚，但跟继父的婚姻并不稳定，孩子因此担心现在的爸爸又会离开他。

当一个孩子在没有安全感的环境下长大，会对性格发展有非常大的妨碍。比如说，社会上常出现的情杀案件或家庭暴力行为，行为者往往在他们小的时候，有的是单亲家庭，有的是父母离婚，还有的是来自暴力家庭，多数都是在没有安全感的环境之中成长的。

在没有安全感的环境中长大的人，会有两个特点：一是容易紧张、焦虑，二是他在心理上会想要抓住某个人。比如一对情侣谈恋爱，他早上想知道你在哪里，中午想知道你在哪里，晚上也想知道你在哪里；如果你说好9点回家，却迟至9点15分才到家，那么他会问你这15分钟到哪里去了。还有一些女性会检查男朋友汽车的里程表，例如你上下班一趟应该是五公里的路程，那么她就会问你怎么多跑了两公里，怀疑你是跑去与其他女人约会了。这些都是没有安全感的表现。

在家庭亲子关系中，家长一定要在孩子0到3岁的时候加强关于安全感的建立。如果有可能，建议父母最好能够亲自带小孩；如果你实在太忙的话，最好晚上下班后要自己带；如果连晚上也做不到，至少周末全天你要自己带。

现代社会大家都很忙碌，许多家庭会请保姆或者长辈帮忙照顾孩子。生物学上有一种说法叫“印痕行为”，新生的生命会依赖出生后看见的第一个会动的对象，不论这个对象是真的妈妈还是其他生物。小鸭子如果生下来第一眼看到老鹰，它就会觉得老鹰是妈妈，不会觉得鸭子是妈妈了。印痕行为在人类的孩子身上也有所体现，因此我们才强调——安全感要在孩子0到3岁的时候建立。

德国的一位教育专家认为：3岁之前的孩子是宠不坏的，3岁之后的孩子可能就会被宠坏。因为3岁之前是孩子建立安全感的阶段，这个时期，他必须认为这个世界是安全的，必须认为自己是不会受伤害的，认为随时有人在身边照顾他。

不过，如何有效地陪伴与照顾，也是安全感养成的另一个重要因素。我常观察到很多父母在尽力陪伴和照顾孩子，但他们因为紧张、担心而变得神经兮兮。孩子的手一摸到地板，妈妈就会大叫：“有细菌，会生病的！”这么神经兮兮的父母，很有可能会养出神经兮兮的孩子。

其实，孩子受一点轻微的伤，并不是什么大问题。比如他跌倒了，自己会站起来，然后自己拍一拍磕到的地方就没事了。可如果身边的大人慌慌张张跑过去抱他，孩子以后再跌倒时，就会大叫或哭泣，变得紧张、害怕。

建议各位家长，当孩子跌倒时，不要急着跑过去抱他，先试着鼓励孩子自己站起来，不要过度保护孩子、过度避免危险，担心这个也脏、那个也脏，这也危险、那也危险。注意孩子的安全是对的，但过度在乎孩子的安全，孩子会渐渐变得没有安全感，还常常担心自己会生病。我辅导过一个个案，他是一个很怕死掉的人，因为从小他患有气喘，他的妈妈一直害怕他会生病死掉，总是对他小心翼翼地照顾，结果这个人已经四十几岁了，仍每天都在害怕自己会突然死掉。

安全感会让人身心平静，能够保持身心平静，就不会有紧张、焦虑等精神方面的问题。让孩子学会自我保护和面对陌生人的能力固然很重要，但更重要的是，一定要先加强他的安全感，让他觉得自己是安全的。

如何回答孩子的“十万个为什么”

不知道各位的孩子是否曾经这样问过你：爸爸，我觉得好无聊哦！妈妈，为什么要念书？为什么要考第一名啊？为什么要听老师的话？为什么要活着？

记得在我小时候，有一套专门回答孩子各类问题的图书，叫《十万个为什么》。因为孩子总是爱问问题，可是大人通常都很忙，没有办法跟孩子好好细谈，于是就把这套书给孩子看。

好，那我也请问各位父母，你们是否也常常问自己这些问题：到底为什么工作啊？我为什么这么辛苦？如果你30岁了，还没有结婚，你是否会问自己：我为什么要结婚？我为什么要谈恋爱？结了婚的人若还没有小孩，就会问：为什么一定要生小孩？

人之所以会不断问问题，是因为人是唯一会为生命寻找意义的生物。其他动物从来不用去问：我今天为什么要出门？出门难道就是为了觅食、为了繁衍下一代？只有人类会问自己：我为什么要存在？

在教育孩子的过程中，父母要用很慎重的心态来看待孩子问的这些问题，因为每一个孩子都是生命的哲学家哦！当他问你生命的意义时，要好好跟他谈，你可以说："生命的意义在于你的贡献。如果你是科学家，你可以研究、发明新科技，让人们的生活更便利。"这时，你可以告诉他爱迪生发明电灯的故事，令他明白如果不是爱迪生发明了电灯，现在我们还没有电灯可用。

此外，在回答问题的同时，还要利用机会鼓励孩子。举例而言，我会接着爱迪生的故事问孩子："你知道为什么是爱迪生发明了电灯吗？"孩子可能说，因为他很聪明。我却会说："不对，是因为爱迪生叔叔不怕失败。"小孩子通常会打破砂锅问到底。这种情况下，我会接着说："爱迪生其实并没有比别人更聪明，可是他比别人更不怕失败。他失败了几千次，仍然不断地去尝试。在助手们都灰心的时候，爱迪生仍坚持做实验，直到发明了竹丝电灯。又经过了八年的实验，爱迪生才发现金属钨是最适合做灯丝的，这才有了我们今天的电灯。所以，经得起失败的人，才有机会成功。"如此一来，孩子便会想：原来我们要不怕失败啊！原来失败并没有那么可怕。

就用这样的小故事鼓励孩子，引导他肯定自我存在的价值。如果他说："可是，我不想当科学家。"你也可以再举其他的例子，比如说，要不当个好厨师？一个好厨师，能做出美味的饭菜，这样不只能让人吃饱肚子，还能让人感受到世界的丰盛；当人吃饱后，生命是充满喜悦、满足的，那这就是你对世界的贡献。

如果孩子又问你："我为什么要活着？"那你一定要告诉他："活着就是为了发挥自己的能力。如果你是一只海鸥，你就要问自己：我能飞多高、飞多远？生命追求的道路上，所有的生命都在完成它天生的价值。"

如果孩子再问你：“为什么要每天完成功课呢？”此时，你要引导他了解：“如果你功课念得好，将来是你选学校；如果功课念得不好，将来是学校选你！请问，你去早餐店买面包，你希望不希望有很多面包可以让你挑选呢？相同的道理，你完成了功课和学习，就能选择你喜欢的学校了！”许多孩子认为念书是为了要让老师高兴，是为了让爸爸妈妈有面子。这是家长和孩子都需要明白的，孩子念书不是为了老师或父母，而是为了自己的兴趣，为了将来有许多“面包”可以挑选。

父母、老师要让孩子了解，生命的意义是需要自己创造的，要引导他们找到学习的动力，找到生命最终的意义，因为生命要完成价值。而所谓生命的价值完成，意思是，所有的孩子都要发挥自己的能力。有的孩子适合当科学家，因为他可以创造、实验和发明；有的孩子适合当律师，因为他可以主持正义，帮助无罪的人获得清白；有的孩子适合当植物学家，发明、培育很好的植物。所有他贡献的东西，都可以帮助到这个世界。如此一来，孩子能为自己而读书，为自己而吃饭、早起、上学……他就会变得主动自发，他的状态就会越来越棒！

忘掉角色身份，抛掉既定剧本

家庭教育，不只局限在孩子小时候父母对他的教育，而是家庭成员终其一生的功课，并且教育和被教育的角色有时是发生转换的。在孩子长大后，很多事情往往是孩子在教父母。譬如很多上了年纪的父母不懂电脑、不会上网、不会用手机，都是孩子一步一步教会的。因此，所谓“亲子教育”，不仅是指父母对子女的教育，也包括孩子回馈父母的，孩子也是父母的老师。

身为父母的人，一定很想了解孩子在想些什么，但通常孩子都不想让父母了解他最真实的想法，最后父母可能要被迫偷翻孩子的抽屉、偷看孩子的日记或偷开孩子的电脑，才能搞清楚他都在干什么。其实，你只要试着抛掉父母的身份，用孩子能接受的方式与之互动，日积月累之后，亲子关系必能改善。

我在亲子关系的讲座中常提到“去角色”这个概念，这个词其实是“去角质”与“去色素”的综合简称。我所谓的“角质”，指的是人的表面身份、面具或盔甲，“色素”则是指被抹黑的自己。做父母的必须学会“去角质”，也就是拿掉父母既有的身份，试着用身份之外的自己与孩子互动，这样你定会发现一切变得容易多了。而“去色素”则是避免自己被孩子抹黑。

父母通常容易陷在自己的角色里，什么时候该担心什么、什么时候该提醒孩子，完全被自己的角色所局限，因此常会听见孩子不耐烦地说：“哎哟，我知道你又要说什么了！我知道你又在担心了！我知道你又要碎碎念了！”父母的行为模式往往完全被孩子掌握。

并不是说原有的父母角色不好，它其实也很重要，但如果你一直只有一种角色，孩子也会觉得厌烦，进而开始疏远你、隐藏自己。其实，每个人在自己人生达到某种状态时，都该试着拿掉原有的角色，而后才会发现原来看不到的部分。抛开父母的角色，重新审视孩子，一定会看到孩子的另一面，或许就不必再为了孩子更好而挑剔他，也不再因为担心而唠叨孩子，或认为孩子思虑不周而处处提醒他。

听懂孩子情绪性的语言

如今的父母虽说都很疼爱孩子，但大部分首要关心的是孩子的学习状况，或在乎他是否有特殊才艺，譬如绘画、弹钢琴、拉小提琴等；其次是孩子的食衣住行问题，关心孩子吃得好不好、穿得暖不暖、有没有太晚睡觉、有没有打游戏等；而孩子最重要的心理状态，却经常被父母忽略。

如果父母本末倒置，不注重孩子的心理发展和健康，孩子就很容易出状况。有些孩子明明从小就是优秀生，可到了中学却突然不想念书了；有些孩子平日的生活表现都很正常，却突然想不开要寻短见，让父母十分错愕。其实，父母最应关心的不该是孩子的功课和成绩名次，也不是孩子熬夜看漫画、打电动的问题，而应该是父母与孩子之间有没有心灵上的沟通。

然而，管吃管住不说，还要忍受孩子的出言不逊，当代的父母不好当，但现在也是当父母最棒的时代，因为学习的范围更广了。孩子的心才是根本，如果父母本末倒置，没有照顾好孩子的心，那么他的身体也很可能会出问题，再好的医生也只能束手无策，再好的健康食品或补品也补不好孩子的身体。

我认识一位母亲，因为孩子说了一句“我真希望爸爸当初娶的不是你”而心里十分难过。其实，这类话是孩子的“情感宣泄”，并不代表他真正的想法。通过我的了解，这个孩子其实很爱妈妈，但是觉得妈妈太啰嗦，让他不胜其烦，因此那句话不过是孩子一时的情绪性语言。

我一直戏称名校往往都是“屠宰场”，孩子如果没有建立自我价值、做好和优秀同龄人竞争的心理准备，进入名校就等于进了“屠宰场”，那些压力会使孩子失掉自己的尊严与自信。我在大二那年，因为对现代医学的质疑，不确定自己未来的人生，曾经很希望父亲早点死去，因为我从小就是个符合父母期待的乖儿子，课业上一路过关斩将，最终考入重点高中和大学。当年年青的我希望父亲早点死去，只是一种情绪性想法，不代表我不爱我父亲，或希望他不存在。

事实上，我很爱我的父亲，所以才会努力想满足父亲的期望，经常担心自己会让父亲失望，偏偏许多事又不确定是否自己真正想要，让我一直处于天人交战的焦虑中，才会希望父亲“英年早逝”，让我脱离这种两难状态，过自己想过的人生。我并不是真的希望父亲死掉，那个大逆不道的想法背后，是对父亲的爱与在乎。

所以，当代父母的思想也要升级进阶，不能只是注重孩子外在的表现，要经常与孩子谈心。虽然孩子的一句“我真希望爸爸当初娶的不是你”狠狠伤了妈妈的心，但父母千万别把孩子情绪性的话语当真，要理解这只是孩子在表达自己的感受。找出语言背后的真正涵义，才能更贴近孩子的心。

每个孩子的特色与专长都不一样，你只要倾听他、引导他、鼓励他、称赞他就好，不要只看他的不足之处，要他学习他用尽力气也学不来的技能，只会打击他的自信心。

第三章
别长成大人那样的“笨”脑子

我的未来在哪里

我们生活在一个快餐文化的时代，一个以竞争为基础动力的社会，有时候并不是那么和谐、美好。人们尤其是青少年置身其中，内心往往会升起强烈的失落和无力感，觉得生命的热情消耗在无谓的竞争与“厮杀”中；原本对生命的期待和幸福感，也在成长过程中被磨蚀殆尽，成为失去自我价值、自信心和尊严的“灰暗”成人。

到底应该如何帮助自己找回自我，唤起内在的觉察力，并以注重身心的整体发展观来学习、成长和自我教育？

有部电影叫作《时时刻刻》，其中有句话颇发人深省：“什么叫作幸福？幸福是在一早起床时，你觉得今天充满了许多可能性。”我相信，每一个成年人在回首过往时，都会发现自己曾是个充满自信、神采飞扬的青少年，也曾觉得人生有许多可能，并对人生充满了憧憬。

如果以时间来划分人生阶段，那么人在童年、青少年、成年和老年期会呈现出下列不同的特质：

童年时期的我们抱着游戏的心情看世界，生命就像是游戏，大部分仍属内在世界的酝酿，不太有现实观念，既不了解现实的痛苦，也不需要负责任或尽义务。

青少年时期是个尴尬的阶段，对未来虽萌生一些现实的想法，但仍怀抱着天真理念和梦想，相信生命有许多可能性，体会得到的幸福感。

成年时期已尝试过某个生命的方向，于众多可能性中选择一条路，并渴望在这条道路上扮演好自己的角色，例如从事某个特定的行业、让家人生活安定、过好自己的人生等。

老年时期的我们已经退休，检视自己从青少年起选择的那条路是否正确、人生是否无怨无悔，以及是否已完成这条自己选择的生命道路。

有人认为，成年人与青少年最大的差异就是——成年人是生命理想和热情被慢慢浇熄的青少年。青少年有许多潜能和可能性，但当他进入成年后，便把所有的时间和精力都放在那条所选择的道路上。在这条实践自己生命的道路上，大部分人碰到挫折时，内心多会涌现后悔和怀疑这两种情绪反应。于是，许多人把成年生涯中的大部分时间，耗费在消极地说服自己可能真的能力不足上面。在这种内耗过程中，不但自我价值被摧残，内心也会产生极深的失落感。于是，又必须花费许多时间来做心理重建，以抚平内心的伤痛。

其实，每个人的内心都明白自己的生命是与众不同的。在成长过程中，受到某个僵化价值观的限制，许多人盲目地走上同一条路，彼此必须竞争比较，甚至互相“厮杀”，失去了自信和尊严。

我的青少年时期生活就过得一点都不快乐。念中学时，脸上长满了青春痘，而这个时期又是建立两性自我的阶段，非常在乎他人如何看待自己，于是，外表的不如意令我深感痛苦，甚至还拿水晶肥皂洗脸，几乎脱了一层皮。我的课业表现很长一段时间无法恢复昔日的辉煌成绩(拿第一名)，以致信心全失，无法摆脱被比较所造成的创伤，晚上还会蒙在被子里偷偷哭泣。后来我终于了悟：原来我就是我，我有自己的特色和专长，应该走上内在为自己安排的道路。

我一向坚持的理念是：每个人都应相信自己是独特的，而且必然具备某种无人能及的才能，一旦你找出这份独特的才能，就会为社会作出一定的贡献。但是，我们目前的教育方式有所偏差，导致两大问题：第一，它设立一套标准，让每个人都别无选择地在同一条道路上互相“厮杀”；第二，它并未引导孩子去认识自己独特的才能和价值。

大家要相信，我们来到这个世界，就是为了淋漓尽致地发挥自己，也必然有一条路是为你量身打造的。如果硬逼着自己依循别人走过、而自己并不认可的路，只会感到辛苦，而且不会成功。每个人的生命道路都有好几种可能性，并非一旦迷失就再也找不到了。如果受限于彼此竞争的观念，那只会永远活在痛苦中。

事实上，人是不需要彼此竞争或抢夺的，每个人都是富足的，当你走上了生命为你安排的道路时，丰富和甘美自然会呈现。当我们努力去寻找属于自己的道路时，世界也会同时为我们开启通往那条道路的大门。

青少年时期的成长是自我觉醒和摸索生命的过程。青少年往往对未来存在着很多迷惘，如果我们的教育方式是帮助每个孩子去认识自己最与众不同的方面，那么这个教育就成功了。一个真正有能力找到自己特点的青少年，对自己的未来也会有全然不同的认识。

有些人可能会问：要如何确定自己所做的事情或所走的路，是别人没走过的而专属自己的道路？有许多道理别人已经知晓，许多事情别人已做过了，如今自己跟随去做，怎么能算独特呢？

其实，不管先前已经有多少人走过这条路，只要你抓住属于自己的特质，那么对你而言，它就是独特的。因为每当再说这些道理或做这些事时，你是带着自己特有的人生历程、内心体会去进行的。所以，别人做过的事、说过的话，你当然可以去做或去说。每个人的内在感受都是独特的，以至于当你说出那番道理时，它仍然仿佛在宇宙间沉睡千年、第一次被人说出来一般。即便是同一条道路，被不同的人走过，呈现出来的经验也会各不相同；而每一个真理、每一项技能，在被不同的人体验时，也会加入新的因素。

《天龙八部》里的乔峰，正是勇于做自己、敢于呈现自己的特色的人。要知道，能够把内在的那个真正的我掏出来，才是全世界最珍贵的。当一个人走在属于自己的道路上时，他会完全沉浸其中而浑然忘我，全然享受这个过程。

我们要让孩子找到生命的出口，就不应省略他们尝试和跌倒的过程。青少年往往最反感父母过度保护、干涉和批评；虽然父母是出于善意，想把自己的经验传授给孩子，希望他能够少跌倒，但这样做反而会把孩子的“武功”废掉。我们若不让孩子犯错，他又如何能学习？人有时渴望尝尝做错事的滋味，想从犯错中得到学习和成长。做父母的可以在旁边保护孩子，以避免他铸成大错，但也必须给孩子自主的空间。有时，孩子需要知道自己的承受能力有多大，而事实证明，越是有担当的人，将来往往也越可能获得更大的成功。

好奇宝宝乐趣多

所有的科学发明或发现，都是因为人类的好奇心，人如果没有好奇心，就不会去做各种各样的尝试。例如，医学上青霉素的发现，就是一个非常有趣的案例。

青霉素得自一个实验过程当中的偶然发现，实验者不小心把青霉菌放在病菌旁边，没想到在青霉菌附近的病菌统统死掉了。这时实验者才发现：原来青霉菌会分泌一种叫青霉素的成分。这位实验者对此情形很是好奇，他马上就思考起来：这个青霉素是不是可以帮助我们杀死很多病菌？因为好奇心，导致了一个医学上的伟大发现。

孩子天生有强烈的好奇心。0 到 1 岁时，他会把所有东西都放到嘴巴里咬一咬，大人或许觉得不卫生，可这就是孩子对外在世界的探索。甚至有一杯热水放在面前，孩子也会很想去摸它。许多父母会问，这怎么办？其实很简单，可以把热水弄到稍微有点热，又不会烫伤的温度，然后让孩子去摸一下，这么一来，下一次他就会知道：要先去摸一摸杯子是不是热的，去试一下才不会被烫伤。由此过程，孩子便学会自我保护了。

家长在亲子教育过程当中，常常会阻止或压抑孩子的好奇心，然而孩子就是喜欢自己去尝试，喜欢按照他想要的方式试试看。例如，他会把衣服反过来穿，这时家长会提醒他："衣服穿反了。"可是孩子会倔强地回答："我就是想这样穿穿看。"事实上，真的有人设计了一种反穿的衣服，听说还卖得很好；还有人设计出了两面穿的外套。

世上那些伟大的发明家和天才，大多从小就得到爸爸妈妈的鼓励，一直保持着强烈的好奇心。虽然我们知道有时好奇心太过也会闯祸或惹麻烦，但如果压抑了孩子的好奇心，他受到的伤害会更大。

好奇心其实会带来非常丰厚的收获。如果一个人在森林里面永远都走同一条路，或是去上班时永远都走同样的路线，请问：他会知道这个世界有多么宽广吗？所以，我鼓励所有的孩子和家长，有时可以去冒一点险，不要走原来习惯的道路，就让你的好奇心去绕一点路，跟着好奇心多做一点尝试，试着对同一件事情用不同的方法去做实验。大家一定也常有这样的经历，因为好奇心而走进一家不起眼的小餐馆，结果发现店里就有你梦寐以求的美食。

如果没有好奇心，我们就不会去用不一样的方式看世界；如果没有好奇心，我们就不会想要去把盒子打开，看看里面是什么；如果没有好奇心，我们就不会去尝试。好奇心能带来一种冒险，我们将会从中找到动力。

大人照顾孩子时，只要注意让孩子在一个安全的范围内，不要让过度危险的情况发生就可以了。如此，孩子在好奇心的驱使下进行各种探索，从而得到学习和成长。像我自己，到现在大家都还叫我"好奇宝宝”，因为我会去尝试很多的学习，尝试林林总总不一样的思考。不只是孩子，我鼓励所有成年人一起来当“好奇宝宝”，那样，生命才会充满乐趣。

晴天雨天，我们都能开心

我经常跟朋友分享三大人生观，其中的第一个就是："我发誓这辈子要当一个'无可救药'的乐观主义者。"

凡事都有正反两面，但我们可以选择从正面、积极的角度来看待人生。举个很简单的例子，比如同样面对半杯水，乐观的人会说"好棒啊，你看我还有半杯水"；而悲观、负面思考的人就会说"糟糕了，我只剩下半杯水了"。从半杯水的简单问题当中，我们就可以知道，到底你是一个"无可救药"的乐观主义者，还是一个无可救药的悲观主义者。

曾有人问我："许医师，我已经50岁了，我看我的人生没什么希望了。"其实，现代人寿命日渐延长，也许再过些年人人都可以活到100岁，所以我跟他说："你看，你未来也许还有三四十年甚至50年美好的日子可以过，那么，你要去看那些你已经失去的，还是去看你未来可以拥有的？"

下面我举一个帮助孩子的例子。我曾经遇到一个孩子，在她很小的时候，父母就把她送人了。于是，她从小到大过着痛苦和自卑的生活，总是觉得：爸爸妈妈不要我了，一定是他们觉得我丑、看我讨厌，才把我送给别人的。从幼儿园、小学念到中学，她都很不开心，甚至有一点抑郁的情绪出现。

有一天她又来看诊，在交谈过程中，我突发奇想地问她："孩子，如果你要把一个东西送给你最好的朋友、送给你最尊敬的人，请问你是把最好的东西送出去，还是最烂的东西？"她回答说："应该是最好的吧。""是的，"我接下去告诉她，"你亲生的爸爸妈妈把你送人，可能并不是因为你不好，或是他们不爱你、要抛弃你；会把你送去别人家当小孩，反而是因为他们是那么爱你，希望能给你最好的，但又觉得他们自己没有办法提供给你，所以忍痛把你送给他们最亲近的朋友，他们觉得这么做对你才是最好的。"

这个孩子听到这里，马上流下了眼泪，她说："叔叔，以前我一直觉得自己的爸妈不要我，我是一个爹不疼娘不爱的小孩。今天听了你的话，我才发现原来亲生的爸爸妈妈是爱我的，他们不但爱我，而且把最好的东西给了他们的朋友，这个朋友是他们心中认为能提供给我最好生活照顾的人。现在，我有了两个爸爸、两个妈妈。"这个孩子由此重新找回了快乐和欢笑。

我经常告诉孩子，你要当那个看到半杯水时永远觉得"好棒啊，你看我还有半杯水"的人。所谓乐观的角度，是每一件事情我们都可以往正面的方向思考。在孩子很小的时候，我们就可以训练他这样的思考方式，比如可以问他："你可不可以告诉我今天最快乐的五件事情？"孩子就会说："今天老师称赞我了。""今天有其他孩子拿点心给我吃了。""今天考试考了一百分。""今天我到了幼儿园觉得心情真的太棒了，每个

孩子都来跟我交朋友。”……经过这样的引导和训练，孩子便能培养出正向的思考。

有一个可能大家都听过的小故事，有一位母亲有两个小孩，一个卖伞，一个卖面。卖伞的要下雨天生意才会好，可是卖面的要晴天生意才会好，这怎么办呢？刚开始，这位母亲很难过，但是后来想通了，她想：“下雨天，我卖伞的儿子在赚钱；晴天时，卖面的儿子在赚钱。”从此，不管晴天还是下雨天，这位母亲都很开心。

各位亲爱的家长和孩子，让我们一起来当个“无可救药”的乐观主义者吧！

创造幸福，而非竞争资源

大家都知道，目前的社会竞争非常激烈，但其实我们未必非要参与到竞争之中。其实未来的机会非常多，资源无限宽广，只要我们学会去创造。

不知道各位是否看过《天地一沙鸥》这本书，书里的主角是一只海鸥。这只海鸥从小就很有志向，希望能够表现得更好。当它看着同伴总是在渔船上面抢食那些小鱼时，觉得那不是它想要的，于是走向了自己的“蓝海战略”。它去学习飞行的技巧，飞到很高很高的地方往下冲，当它把飞行技巧练到非常高超时，可以捕到其他海鸥捕不到的鱼，不用再像同伴一样去抢沙滩上的面包、甲板上的小鱼了！

我们的社会看似总是在竞争，人口又这么多，以至于我们为了得到什么，就必须把别人打败，从别人手中抢过来。活在这样一个你争我夺的社会里面，请问各位：你快乐吗？

说老实话，我会不快乐，因为我不喜欢活在恶性竞争、你争我夺的世界里。我们应该启动的是良性的竞争，活在一个互助合作的社会里面。受到大人和周遭环境的影响，有不少孩子会用过度竞争的心态去学习和成长，仿佛自己拥有的都是从别人那里抢过来的，这种竞争的心态会造成人与人的互相伤害。

许多儿童潜能训练机构其实只教孩子如何去竞争、如何去打败别人、如何从别人手中抢东西。各位，我们不赞成这样的教育理念。今天你从别人的手上抢东西过来，有一天你的东西也会被抢走。这就像是一个胜者为王、败者为寇的恶性循环，难保有一天你也会被别人用相同的方式打败。在儿童教育过程中，当我们过度强调竞争时，孩子就会变成一个目光如豆、心胸狭窄的人，将来也难成大器。

比如说，当我学习到很多新知识时，我喜欢分享，因为往往是在分享的同时，大家也给了我很多想法和意见，这些意见就是使我成长的动力。一个不担心自己所学会被“抢走”的人，才会不断进步和创新。如果我们停在原地，担心别人将自己的专长和能力“抢走”，这并不是一个健康的心态，生命就是要建立在创造和分享的基础上。

所以，我常告诉孩子，让我们来当一个创造者，创造更多的资源，创造更多的机会，让更多的人来分享。

每个孩子都是模范生

观察近一两百年来东西方文化的差异，有一个令人感受深刻的体会：西方社会比较强调个体性与独特性，西方教育强调每个人要发挥自己的特色；而东方社会比较强调团体性与整体性，这样的习性是好的，但过于强调一致性或制度性，有时反而会被束缚。

个体性也是独特性。我常跟孩子说“天生我材必有用”，在教育孩子的过程中，一定要帮助他找到自己的独特性与个体性。

从前有一个小男生，他从小就喜欢玩芭比娃娃，一直到了中学，他还是喜欢芭比娃娃。这一点与班里的其他男生截然不同。这时父母有些担心了：一来，担心他长大之后会不会是个同性恋；二来，担心他是不是一个跟别人都不一样的怪小孩。他们尤其担心孩子可能会遭到同学们的嘲笑，因为一个大男生喜欢玩芭比娃娃，大家总是会觉得很奇怪。

最终，这对父母决定尊重孩子的独特性与个别性，他们努力为孩子创造了一个对孩子独特性包容的环境。这个孩子就慢慢在接纳的环境当中长大。后来，他成为芭比娃娃的首席设计师。

教育是要帮助每个孩子找到其个体性——认识我是谁、我有什么地方跟别人不一样，还有独特性——不要害怕你与别人不同。我们就是要鼓励孩子勇敢做自己，让每个人都能够发挥自己独特的价值。当然，界限就是不要伤害别人，不要去杀人放火，不做不应该做的事。

拿我自己为例吧！我经常觉得自己就是在发挥独特的价值。本来我是个普通的家庭医生，治感冒、咳嗽、高血压、糖尿病等常见病；后来，我发现其实自己对教育、心理、精神的领域更有兴趣，那其实才是我更大的独特性。老实说，当时我虽然想走向这个领域，却不敢跟我的父母说，因为知道他们会担心。我就告诉他们："也许这就是我的独特性吧！"想想看，如果我当年没有尊重自己的独特性，今天就不会有一个这么可爱的专家，跟各位分享个体性与独特性的观念了。

所以，人要择善固之。如果你的特色是这样子的，那么，请你坚持做自己；当你坚持做自己的时候，你会因为坚持而产生力量，最后你会证明给别人看自己是对的。

父母要这样告诉孩子："孩子，你坚持做自己吧，用自己的力量来证明你是最棒的。"鼓励孩子勇敢做自己，表达自己的想法，发展出自己的独特性与个体性。

人生有梦，逐梦踏实

《论语》中有一篇文章，孔子问他的学生："盍各言尔志？"意思是说："各位同学，你们要不要说说自己将来的梦想？"这就是梦想教育。

如果人类从未梦想过登陆月球，那就不可能登陆月球；如果人类从未梦想过要去太阳系、银河系探险，那么也就不会有这样的实际发展。各式各样的进步在整个世界不断发生，全世界的经济、文化越来越进步，都是因为我们有梦想，人因为有梦想而伟大。

因此，在孩子的教育和启发方面，梦想教育是最重要的。"人生有梦，逐梦踏实"，这是我经常想到的一句话，也是我自己一贯的坚持。梦想必须要很伟大，但落实在行动上一定要很踏实，这正是所谓的"聚沙成塔""万丈高楼平地起"。

在跟孩子的互动当中，父母、老师可以常跟他们谈谈梦想。可能孩子会说，我希望成为中国第一个登陆月球的人，我希望成为全世界第一个登陆火星的人，等等。孩子会有很多的梦想，当他在表达梦想时，我们一定要学会倾听。

我曾看过一部电影，其中有一个情节：爸爸在孩子过生日的时候买了一个篮球送给他。这个爸爸在篮球场边看着孩子打球打得很开心，就问他："你怎么这么开心？"孩子告诉爸爸："因为以后我想当NBA（美国职业篮球联赛）球员，我想像姚明一样成为中国的'移动长城'。"这时，爸爸就说："你妈妈的身高一米六，爸爸身高一米七，我看你最多也就能长到一米七五。儿子，我们家从来都没有出过运动员，我看你还是死了这条心吧！"当爸爸讲完这些话时，孩子就不想打球了。

为什么？孩子的梦想因为这个爸爸的一句话可能就摧毁了！

不过这个爸爸很棒，他马上意识到了自己刚才的错误，赶紧对孩子说："儿子，爸爸刚才说错了，我向你道歉，因为凡事总是有第一次，人因为有梦想而伟大。记住，这一辈子不要让任何人告诉你——你不行，不要让任何人告诉你——你有什么事做不到，就连你爸爸都不行！"

我常常讲，人生中最痛苦的事，就是梦想被摧毁。一个失去梦想的人，跟行尸走肉有什么两样呢？

因此，当孩子有梦想的时候，我们要帮助他去实现。不管遇到多大年纪的孩子，我都会问："请问你有什么梦想？"永远不要失去你对生命的梦想，你永远都要在追逐人生梦想的道路上奔跑。人生之所以有意义，就是在梦想实现的过程当中，我们感觉到自己可以利己、利人、利于世界。虽然夸父逐日看起来是不可能的，可是当他在追求梦想时，就是他生命最幸福的时刻！

在人生的道路上，当我们能够有一个又一个的梦想，能一次又一次地实现梦想，就会享受到一个又一个幸福时刻。希望大家都可以——人生有梦，逐梦踏实！

新时代的儿童教育观

如今，每个人都会担心自己被取代，都严重缺乏安全感，我甚至认为：许多家庭问题、社会问题、孩子的疾病等，都跟教育方式有关。现在的孩子，从幼儿园开始就感受到学习的压力，父母要孩子从小就十八般武艺样样精通，而这全是父母的恐惧在作祟，并不是孩子真正有需求。

几年前有位老师来找我，说他有一个学生得了猝睡症，只要进了学校教室，一看见老师走上讲台，他就立刻睡着，而且怎么叫都叫不醒，简直比催眠还有效。但这孩子只要一回到家，精神就好得不得了。所有的父母、老师都害怕孩子贪玩，因为孩子一贪玩，学习进度就会落下，就会降低竞争力，于是时时刻刻都让孩子处于玩耍与学习的拉扯之中而痛苦不已，因此孩子才会出现猝睡症这种自动逃避学习的身心机制。

正确的打开方式是，父母从旁观察孩子对什么事物有兴趣、学什么东西特别快、特别擅长什么事物等，然后引导、启发孩子，让孩子在学习中感受到乐趣，愿意持之以恒。在这个过程中，重点不是要孩子“学会”什么，而是要孩子“体会”什么。

千万别以为孩子什么都不懂，也别把孩子当成可以随便填塞、雕塑的玩具。请把孩子视为心灵的伟人，只是这个伟人如今住在一个小小的身体里罢了。我们都应该开始“事半功倍”的新时代教育方式——用外在的学习，启动孩子心灵中本已具足的知识和智能，给孩子一个启发、一份鼓励、一种引导，开发出孩子内在巨大的潜能。

要开发孩子的潜能，首先要拿掉父母的恐惧。孩子一出生，便带着应付未来所有变化的配备，如同我们身上与生俱来的免疫系统一样。可惜大人始终不明白这一点，经常给的都是孩子不需要的东西，因而无法协助孩子的成长。

所以，我呼吁家长们：不要再把你自己对生命、对未来的恐惧加在孩子的身上了！如果你是一个完全不会教育小孩的家长，那很好，你只要做一件事，就是不断告诉孩子：“你是最棒的！孩子，你一定可以做得很好！孩子，你一定可以用自己的方式达成你要的目标！”相信孩子、肯定孩子，就是父母最大的责任。

教育就如同阳光、空气、水一样单纯，然而家长的一念之差，往往让亲子双方痛苦不堪。如今一个崭新的观念出现了：不再是一味地往孩子脑袋塞入知识，而是深信孩子的内在就有诸多技能，每个孩子的特色与专长都不一样，你只要倾听他、引导他、鼓励他、称赞他就好，不要只看他的不足之处，要他学习他用尽力气也学不来的技能，那只会打击他的自信心。他可以轻易做好的事，你却不鼓励他，活生生扼杀了一个聪慧的孩子。

你以为你最爱孩子、对孩子最好，你以为天天盯孩子的功课就是在关心他，其实大错特错！因为，唯有契合心灵的教育才能使孩子性格开朗、充满自信，只有孩子感兴趣的学习，才是正确的学习。只要孩子在学习上感到痛苦，或者由于孩子的学习，使你们的亲子关系有了冲突，和你的伴侣也有了争执，就表示你已经走错路了！唯有以新的教育观点来看待孩子，才不会本末倒置，否则只是徒然浪费时间与金钱，甚至毁掉整个家庭。

新时代的教育观也适用于每个成人，可以用来启发你的内在智慧。每个人都应将自己视为宇宙间一个充满无数知识、经验与智能的宝库，向内深度发掘自我，以找回自己的信心与喜乐。

人类一直以各种方式巧妙地交出自己的力量。一个人的内心一旦有了莫名的担忧、恐惧与不安，或者经常感到无奈、对一切充满无力感时，就表明他已经将自己的力量转移出去了。所以，当你觉得现实如此残酷、周遭的人都比你有力量时，表示你已被自己催眠，悄然地交出了自己的力量。只要将你的力量从你害怕的人、事、物那里收回来，你便能一无所惧、勇往直前。唯有真正掌握了自己的力量，才能逐渐学会如何创造自己的人生。

为什么我们看不到很多的可能性呢？为什么我们不能让自己的人生更开阔呢？想象你的心灵像大海、蓝天那么开阔，想象你的未来有无限的可能性，开阔的心灵观念能创造无限的未来。

第四章
唤醒孩子的心灵大地

向内的启发式教育

我常思考一个问题：为什么现在的孩子在学习上越来越辛苦？比如说，以前的大学生，学习的科目有限，可能就只有外文、语文、数学、物理等；而现在大学里的科目越来越多，甚至有些科目是我们从未听过的；再加上现在是网络时代，也是知识爆炸的时代，生活中不断快速累积了大量的新知识。所以，跟二三十年前的孩子比起来，现在的孩子在学习上真的是面临很大压力，要学习的知识多了很多。但是现代人类的大脑并没有比过去的人聪明多少，要如何装下这么多的信息和知识呢？

后来，我想到了一个革命性的教育观念——所谓学习，不仅需要向外的学习，而且需要向内的启发。

向外去学习的观点，是认为我们的大脑里面是空的，孩子就像是一个内容空白的录音带、存储器或一张白纸，所以我们要把所有的知识和观念拼命地灌输进去。如果是这样的灌输，当然就越学越辛苦喽！老师拼命地教，孩子又记不住这么多，只好再参加一个补习班来训练孩子的记忆力，期待把孩子训练成电脑一样，能够看过就记住。可是，这么做真的有效吗？

向内的启发是引导孩子找到内心的智慧的过程。

免疫系统是一个到目前为止仍然无法解释的医学神秘现象。大家都知道人体有免疫系统，不过你可知道免疫系统是用来做什么的吗？它用来免疫外在的病毒、细菌和有害物质。那你知道人的免疫系统是如何启动的吗？现在的生活环境中多了那么多病毒、细菌、农药，可是身体怎么知道要去抵抗这些东西呢？

这真的很奇妙。我曾看到有医学书籍上说，人的免疫系统有一种预知未来的能力。意思是说，人的免疫系统事先可以保护自己，以防备外来的敌人入侵。以前我也常搞不懂，所以会觉得奇怪，为什么身体对未知的东西会预先做好准备呢？后来我才明白，原来人类有一个“预先知道”的身体系统，全世界最伟大的智慧原来不在外面，而是在我们的内心里。

比如说，当我们在工作中碰到瓶颈时，也许你被难题困住了，问朋友、问老师、问百度，都找不到答案，后来内心突然一个灵光乍现，就知道要怎么做了。

再比如说，当我协助个案进行心理治疗，我仅仅是在聆听，对方却告诉我：“许医师，我在跟你谈话的过程中已经找到答案了。”我都还没有听完，更没有跟他沟通或讲些什么，他就已经找到答案了。这就是我们内在心灵的奥妙功能。

我们常讲一句话：“踏破铁鞋无觅处，得来全不费工夫。”那么在教育孩子上，我们要如何引导孩子去找到内心的智慧呢？最重要的一点，就是多运用启发式教学，用问题引导，而不要告诉他答案，让孩子自己去思考。比如你问他：“你看看这个问题要怎么想？你觉得这件事要怎么做？”只有让孩子自己真正慢慢地去思考，他才会启动内心的智慧。

许多父母、老师喜欢告诉孩子：“来，我告诉你，这样做就对了。游戏规则是这样的，你这样做就是了。”可是，当我们提早告诉孩子答案，对他可能并没有帮助。人的智慧是可以训练的，我们要在孩子遇到问题时问他，你想达到的目标是什么？让孩子动用他的智慧，用他自己的方法来解决面临的问题，这就是最棒的启发式教学。

使用向内启发的引导式教学，让孩子逐步把他内在的宝藏打开，他内在的智慧才会越来越发亮。期待每个孩子都越来越有智慧，并且拥有快乐的人生！

让孩子的直觉力引领你

相关研究显示，孩子的直觉力是非常重要的。而一般我们也常讲：人都有第六感，也就是所谓的直觉，而孩子的直觉力较成年人更是灵敏。

举一个我自己的例子。有一次搭飞机的时候，当时明明已经寄放好了行李，领到登机牌正准备去登机，我突然有个直觉闪现，于是就问柜台服务人员："我的行李是到某某地方的吗？你要不要再检查一次？"柜台人员回答说："应该没有问题，我再帮您确认一次。"结果，再检查了一次，竟然发现行李真的挂错牌了！

曾经有一位朋友告诉我，有一天要出门时，他的孩子跟他说："爸爸，你今天开车要小心一点。"他就问孩子："为什么你今天特别告诉爸爸开车要小心呢？"孩子说："我今天心里觉得怪怪的，觉得爸爸好像会发生什么事一样。我很爱爸爸，不希望你发生不好的事，所以我就说出来了。"听了孩子的这一番话，在开车上班的时候，他就特别小心。经过一个路口时，刚好有一辆车子闯红灯，由于他记住孩子的提醒，谨慎驾驶，幸运地避免了一场车祸。

以上就是直觉力发挥作用的两个例子。因此，在孩子成长和学习的过程当中，要训练他们发挥直觉力；当孩子在展现他们的直觉时，父母更要注意。

有一个简单的方法，建议父母可以常常和孩子玩“猜一猜”的游戏。比如，你可以问他：“你猜猜看，爸爸的下一份工作做哪一领域比较好？”或者：“如果我们出国度假，你觉得去什么地方会玩得很开心？”通常这时，孩子的直觉可以帮助我们发展出很不一样的探讨，因为成人大多时候是用逻辑、理性思考，很少像孩子那样说出一些非常有意思的童言童语。

我曾经辅导过一个婚姻遭遇瓶颈的女士，她觉得孩子不懂得大人之间的事情，跟孩子谈这些他也不明白。没想到，有一次孩子就跟妈妈说：“妈妈，我觉得爸爸不在的时候，你比较开心。你跟隔壁叔叔在一起的时候就比较开心。”小孩子说的话，实在让这个妈妈哭笑不得。但在这里，我们也看到一个小孩子的直觉力，他直觉地认识到爸爸妈妈的婚姻已经出问题了。

小孩子是有直觉的，尤其是在父母的婚姻状况比较不稳定的时候。例如，有些父母告诉我，小孩子晚上会磨牙，有时会抠指甲、拔头发……这些情形都是小孩子的一种直觉表现，他可能已经直觉到父母的婚姻亮起了红灯。可是，往往在小孩子直觉到了家庭的问题时，大人却都采用逃避的方式对他说：“没事的，没事的，是你想太多了。”其实这样是不好的。建议父母真诚地面对孩子，也令他明白：“爸爸跟妈妈在婚姻上需要再多一点学习，多一些时间调适。你要记住，爸爸永远爱你，妈妈也永远爱你，纵使如果有一天爸爸跟妈妈分开了，爸爸还是你的爸爸，妈妈还是你的妈妈，我们永远都不会抛弃你。”当我们愿意跟孩子说出心里真正的感受时，孩子的焦虑度才会降低。

许多父母在教导孩子时会掩饰很多东西，觉得很多问题不应该或不需要跟孩子谈，但是，孩子就像是一块情绪的海绵，拥有非常强大的直觉力。明白认识到这一点，我们就可以经常跟他一起使用直觉力，并可以做更深入的沟通，甚至可以跟他聊聊："宝贝，你未来想做什么样的工作呢？想当明星、科学家、医生、律师，还是想做其他的事情？"常常是在这样的讨论当中，孩子就知道他未来人生想走的方向了。

每个孩子都有非常强大的直觉力，我们要去了解、观察和引导，帮助小孩用直觉展现出他的生命力，也让孩子的直觉力引领我们。如此，父母不但可以做得很轻松、自在，而且不会妨碍到孩子未来的发展。

想象力就是超能力

根据专家的研究，孩子在 6 岁之前，尤其是进入学校就读以前，想象力是最丰富的。所有伟大的科学发明都向我们展示着，想象力就是一种超能力，一个孩子未来的事业成就跟想象力有关。

为什么说想象力就是超能力呢？大多数父母都非常希望自己的小孩拥有超能力，如此一来，他就拥有了超人的头脑、超人的创造力，拥有各方面的超人才能。其实，这一点可以通过训练达成。在孩子还小的时候，父母就要经常跟他说说关于想象力的操作这件事情，尤其是要经常跟孩子做想象力的游戏。

所谓想象力的游戏，就是想象力最佳的训练方法。

方法一：经常给孩子讲故事，同时和他玩故事接龙。当孩子用丰富的想象力去创造故事并延续情节发展的时候，就是促使想象力更加丰富的一个训练，如此将开启他多姿多彩的人生道路。

方法二：引导孩子把想象力当成一支画笔。比如我们可以跟他说："你要不要想象一下，如果你是一个发明家，你打算发明什么？如果你将来有很多很多的钱，你打算怎样去做利己、利人、利于社会的事？如果你有伟大的神奇力量，你打算怎样来帮助周围的人或全世界的人呢？”

方法三：还要鼓励孩子绘画，发挥想象而不要有限制地创作，这也是一个重要的练习。

在未来的人生道路上，社会和工作竞争将非常激烈，学会如何运用想象的力量去解决问题，对于孩子是很重要的。既然我们已经知道孩子最伟大的力量就是想象力，可是为什么很多人成年后却过得那么不如意呢？原因就是成人已经被从小到大所养成的信念限制住了，被现实捆绑住了。在孩子小时候，我们能加强他的想象力训练，经常鼓励孩子绘画、写日记、说故事等，常常表扬他天马行空的想象力，对于孩子的学习和成长是非常有帮助的。

如果我是孩子的父母或老师，会问孩子一个问题：“亲爱的，假设现在你遇到了困难或问题，想象一下，你可以用什么样的方法来解决这个问题呢？”

我小时候常常会跟妈妈说，以后我要发明一种没有骨头的鸡。如果鸡没有骨头，吃鸡肉的时候就不需要把骨头吐掉，也就不会不小心卡到喉咙了。可是长大之后想一想，发现实现这个想象是有一点困难的，如果真的这样，那没有骨头的鸡只能在地上爬，变成了爬虫类动物，就不是鸡了。

还有另一个有趣的想象，也是我以前常常想的。假设我们可以把植物的叶绿素跟人类相结合，人就可以像植物一样进行光合作用了！这时，我想象到一个非常有趣的画面：大家在夏天午后阳光正好的时刻喝下午茶，一边喝茶，一边把衣服脱光，在阳台上晒太阳。如此一来，我们就能在喝茶的同时进行光合作用，变成绿色的身体，就像太阳能板一样可以补充营养了……

所有这一类的想象训练，对每一个孩子来说都是非常重要的。除了孩子，父母当然也可以来发挥一下想象力。例如在治疗一个患者的时候，我就引导他说："你以后感到身体不舒服时，就试着想象一下，你正在沙滩上打沙滩排球……"当他有了这个想象的时候，果真就突然觉得自己越来越健康了！

最近的科学研究显示，其实人也可以利用想象力来运动。美国太空总署有一个研究，就是针对所谓半身瘫痪的人。有些半身瘫痪或全身瘫痪的人，当他长期没有办法运动时，肌肉便会萎缩。于是，科学家训练他们想象自己在打高尔夫球或网球。结果，科学家发现了一个非常奇妙的现象：一个人虽然身体躺在床上，但当他想象自己在运动时，肌肉的强度竟然会增加！

还有一个例子，也是美国科学家的研究。很多孩子在打篮球时常会有错觉。如果我们在孩子打篮球的时候，请他先想象："好，现在先想象手上拿着一个球，然后假装自己正在投篮，而且想象球进了篮筐。"孩子经过这样的想象练习，投篮命中率会比平时高出许多。如果你是一个游泳选手，教练可能会引导你运用想象力，训练自己在最短的时间内游得最快。这也是很多运动专家训练奥运选手的方法之一。

简而言之，想象力的运用对每个人的帮助都非常大，尤其是在职场。现代人的工作压力非常大，如果我们可以运用各式各样的想象力来解决问题，这将是一个非常受欢迎的训练。最后请各位一定记住：想象力就是超能力！

与大自然来一次亲密接触

我最喜欢跟孩子在一起了，他们常常带给我很多开心的感觉。可是我发现，现在孩子的快乐越来越少了，因为他们都变成了“学习的机器人”，想来真是有一点心疼。有些孩子，他们两三岁就要上幼儿园，还要参加各种幼教辅导班，之后还有漫长的小学、中学、大学生活等着他们。

回想一下自己小时候的生活，我们是跟田野在一起，跟蚱蜢、蟋蟀在一起，跟蓝天、白云在一起。偶尔偷几个别人地里的玉米、西红柿，这种小小的坏事我们都做过，也很快乐。尤其是在农村长大的朋友，对大自然的体会更深刻。

我非常热爱大自然，一个月至少会登山一次，还会进行其他运动，这都让我非常开心。当我还是个孩子的时候，爸爸还常带我去钓鱼。每次跟爸爸一起去钓鱼时，都觉得父子之间的感情特别亲密，现在回想起那段童年经历，都觉得是这辈子最快乐的回忆。

那么，你有多久没有到大自然去旅游了？有多久没有带孩子去登山、戏水，去毫无负担地享受大自然之美了？

所谓自然力，就是跟大自然的一种连接——大自然是人类的母亲，我们的生命原本就源自大自然。但是，当社会不断向前发展时，我们的身心反而失调了。

人类从春夏秋冬的流转中学到很多，也向大自然中的动植物学到很多，这是由大自然而来的教育和学习，大自然才是我们的教室。可惜的是，现在的孩子们并没有很多时间去接触大自然，如果教育只是在教室里面做功课和考试，那孩子该有多不开心呀！

因此，建议父母至少每个月都带孩子到野外走一走，到动物园、植物园、山上或海边走一走，让孩子的学习发生在大自然里面。学校偶尔也可以将课程安排在大自然中，让蓝天、白云帮孩子们上课，让他们就着大自然编故事，让他们跟大自然里的动物、植物对话。比如自然课，便可以问孩子们，今天在大自然中看到了哪种昆虫？然后请他们回去查资料，或者带着他们做一个生态调查的学习。

大自然是最伟大的医生，在接近大自然的过程中，我们会感到心灵越来越平静。不开心时，就到山里面去大喊大叫："好苦啊！好累哦！功课好重哦！"……我们可以带着孩子去做这样的情绪宣泄。

建议大家，真的要时常带着孩子到大自然中走一走，大自然是身心快乐的源泉，大自然能够带给我们开心和喜悦。

请释放你的孩子

孩子是未来的主人翁，看到孩子就看到了希望、看到了未来。所以，我们一定要好好地用健康、和谐的观念引领他们。更重要的是，我们成年人自己也要保有一份童心。我有个很有趣的观点：为什么大人要生小孩？什么时候我们应该有小孩？可能就是当我们觉得自己已经失去了童心，这时便会期盼有一个很可爱的小孩子来到我们的面前，给我们重新带来希望。

身为父母的人，只要每天下班回家看到孩子，就觉得一切的奋斗都有了价值，一切的辛苦也不再是辛苦。我曾经遇到过一个母亲，她工作非常辛苦，可是每当她想到自己辛苦赚来的钱能让孩子去学习成长，去弹钢琴、弹古筝，就会觉得非常喜悦和满足，觉得自己的奋斗很值得。

孩子本身就带来一种无限感，一种无限的可能性，因此使我们相信：人生由各式各样的可能性所组成。当你面对一大群孩子时，可以想象一下，等他们长大后，有些人会当医生，有些人会当律师，有些人会当消防员，他们会活跃在社会的各个领域……每当看到孩子们天真无邪的笑容，看到他们胖胖的手和肥肥的脸颊时，我就会感叹：孩子到底是有一个多么无限可能的未来啊！

在儿童教育或潜能开发的领域中，常听到一句话——人的潜能是无限的。科学研究也显示：目前人类所使用的能力，其实还不到我们所有潜能的十分之一，所以才会有这么多关于儿童潜能开发的课程。但是，与其付着昂贵的学费送孩子去上那些课，不如我们自己天天告诉孩子："你的未来是无限的，人的创造性是无限的。你想过什么样的人生，那是你自己可以决定的。"这是亲子教育中很重要的一个观念，要告诉孩子，未来有无限的可能性，人生有无限的可能性，让孩子慢慢地了解，原来他的潜能是没有受到限制的。

所谓潜能，就是我们的力量，我们一定能够把它发挥出来。有一句话叫"观念创造经验"，意思就是，当一个人采取了什么观念、深信什么，他就会创造出什么样的未来。父母要适时鼓励孩子，要以坚定的语气告诉他们："孩子，你很棒！如果你是一只小鸟，你就应该学飞翔，而不是学游泳；如果你是一只乌龟，你应该到海里去，而不是在陆地上跟兔子赛跑；如果你是一头骆驼，你应该到沙漠中去，而不是在马路上跟汽车比速度。你是个具备某种专长的人，你就应该去找发挥自己特长的领域。"

《释放你的孩子》一书中指出，当你的孩子得到鼓励和赞美时，他就会看到人生有无限可能的未来。最坏的教育便是常常告诉孩子，你这个不行、那个不好，你又不专心、又不用功，你做得不好，你的生活习惯太差劲……这样只会让孩子的自信心不断受挫。

当我们大人觉得日子越过越困难的时候，往往会产生无力感。每天要做一样的工作、上一样的班，内心常会有很多的无奈。为什么我们看不到更多的可能性呢？为什么我们不能让自己的人生更开阔呢？想象你的心灵像大海、蓝天那么开阔，想象你的未来有无限的可能性，开阔的心灵观念就能创造无限的未来。

当一个孩子觉得自己有无限的潜能和无限的机会时，他就会对人生充满正面的能量。现在就加强孩子的无限感，开始吧！孩子会越来越棒的！

拥有觉察力和观察力让孩子与周围的关系更和顺

觉察力跟观察力，是孩子在成长学习上非常重要的能力。

你可以问孩子：你觉得老师今天穿的衣服跟昨天的有什么不一样？你有没有发现今天的教室跟昨天的有什么不同？你觉得自己今天的心情跟昨天的有什么不同？这就是所谓觉察力的培养，它每时每刻都发生在日常生活当中。有非常多的益智游戏，比如把两张相似的图同时放在孩子面前，让孩子说说两张图有哪些不一样的地方。这时，孩子就在开始训练他的觉察力了。

觉察力的训练，会刺激孩子的大脑发育。人的大脑，除了表面的皮质之外，还有很多深层的大脑记忆，借由观察训练，可以让大脑获得潜能开发。

带孩子到野外时，可以让他闭上眼睛，然后问他："现在用耳朵去听，你听到了几种声音？"孩子会告诉你："我听到了风吹的声音，我听到了鸟叫的声音……"你再问他有几种鸟，答案可能是五六种或七八种，因为叫声不一样，孩子会把它们分辨出来。接下去，可以让孩子去听溪水流动的声音，还有远方的狗叫声……这样就能训练他将所有能够听到的声音一一觉察出来。你也可以问孩子：在这座花园里面你能找到几种昆虫？围绕这个问题，孩子就会一种一种去找，他会发现有蝴蝶、毛毛虫等等。

在觉察力训练的过程当中，可以培养孩子的耐心。很多家长都担心孩子多动、注意力不集中，建议在孩子专心做他喜欢的事情时，大人在一旁引导他去觉察，通过这样的训练，你的孩子可能会成为一个敏锐的观察者。

达尔文是物种进化论的创立者。他为什么会创立进化论呢？因为他是一个敏锐的观察者。为了自己的研究，达尔文每隔一段时间就会到同一个小岛去观察。去的次数多了，他突然发现：怎么这个小岛上的许多生物和以往看到的有点像又不完全相同呢？达尔文就是这样发挥了他丰富的观察力，发现生物经过遗传和天择的演化，整个后代的展现会有所不同，并基于此提出了遗传和物竞天择的理论。

当孩子慢慢培养出觉察力和观察力的时候，他的人生也会与众不同。一个觉察力和观察力好的孩子，会知道在该做哪件事情的时候就做哪件事，在该说什么话的时候就说什么话。许多人在职场上费力不讨好，明明做得很辛苦，可是从来没有获得升迁机会，可能就是因为觉察力和观察力不够所致。

觉察力跟观察力的训练，是随时可以引导孩子学习的，比如，让他讲一讲老师上课的内容，让他猜一猜爸爸妈妈今天的心情，教孩子从我们的表情和动作去觉察、分析。如果孩子能够适时觉察爸妈的心情，他就知道怎么把自己的问题处理好。这样不仅可以增进孩子的觉察力，在亲子和师生关系的互动方面也会变得更好。

跟着孩子去探险

西方国家在教育上会鼓励孩子去冒险，当孩子渐渐长大时，父母希望孩子能用自己的翅膀飞向世界的每个角落。所以，一个西方的年轻人也许在十七八岁甚至更年轻时，就已经背着行囊、骑着单车到世界各地去探险了。

相比之下，东方人并不提倡让孩子去冒险，而是比较注重安全，多数父母习惯把孩子放在身边，保护得很好。中国古代有句话叫“父母在，不远游”，意思就是，当父母还健在时，你不要跑得太远。当然，这句话后边还有一句“游必有方”，即远行要有一定的目的地。这与现代教育的精神是契合的。

现代教育的重点之一，就是要培养具有勇敢、冒险精神，能够去探索世界每个角落的孩子，这样未来社会才会充满希望。

通常西方的父母对自己的孩子较有信心，孩子遇到困难时，他会认为自己的孩子有能力面对，只要鼓励一下就好。而中国的父母却大多并非如此，孩子遇到困难时，往往就直接帮他解决掉，对孩子缺乏足够的信心，以致让孩子慢慢变成了温室里的花朵。我们的孩子总想躲在父母的羽翼之下，到了外面的世界，一旦跟陌生人接触，面对挑战和冒险，便产生了退缩心理。

可是，明明我们心里也希望自己的孩子可以走出去，可以经受住风吹雨打的考验。事实上，我们的孩子真的是可以的！

建议各位父母，当孩子告诉你他的梦想和理想时，不仅不要阻止他，而且还要跟着他去探险。举个例子来说，曾经有个妈妈来找我，说她的孩子想去攀登南美洲的第一高峰，她很担心地说："我的孩子才 15 岁，这么小的孩子，万一在那里遇到危险怎么办？"我问她："有教练吗？有向导吗？孩子有没有做过登山的训练？"其实，她的孩子不仅接受过这样的训练，而且还有教练、老师一起去登山。了解了这些情况后，我说："这样你更该放心了，如果你的孩子连攀登南美洲第一高峰都做得到，未来对他而言还会有什么困难呢？"

跟着孩子去探险，就是要鼓励孩子在他人生的道路上去探险。由于我们过去的教育方式偏向保守，经常太过于保护了，而现代的父母不但要跟着孩子去探险，还要主动去引导他往一个向前的方向，帮他收拾行囊，鼓励孩子走向世界各地。也许未来我们可以登陆火星，可以到银河系去冒险，我们的下一代会越来越棒，孩子也会是一个既有智慧又勇敢的人。就像李嘉诚讲的一句话——给孩子更多的鱼吃，不如教他如何钓鱼。就让孩子在冒险当中成长与学习吧！

唤起内心英雄式的自己

在所有孩子喜欢的卡通或电影当中，都有一个英雄人物，比如超人、蜘蛛侠、闪电侠等等，因为每个孩子都渴望自己成为一个英雄。

有的孩子希望当一个消防员英雄，可以冲进火场，将面临生命危险的人拯救出来；有的孩子喜欢遨游太空，想成为太空英雄；有的孩子喜欢奥运英雄，渴望自己有一天也能得到全世界的欢呼；有的孩子喜欢弹钢琴，想要成为一个举世闻名的钢琴家。

我们应该将孩子视为未来的英雄，因为每个人的内心深处都有一个渴望不平凡、渴望杰出的冲动，都渴望自己能够成为一个出众的人。父母、老师要常跟孩子说："你是一颗小小的种子，以后会变成一棵大树。虽然你现在还是一个孩子，但你的内心有一个大大的理想，有一个伟大的目标，有一个很大的人生志向，让我们把它好好地发挥出来。"

就拿我自己为例，记得小时候，我非常仰慕一位英雄，就是史怀哲医生。史怀哲医生放弃高薪收入，到偏远落后的地方去服务，帮助了很多人。同时，我内心里还非常仰慕一位革命先辈——孙中山先生。孙中山先生原本是一位医生，后来他放弃医生职业参加了救国救民的工作，因为他认为当医生只能救眼前的病人，可是通过革命能拯救更多的人。那样他的理想就得到发挥了。

那么，要如何激发起孩子内心英雄式的自己呢？

首先你要问他："你心目中有没有一个英雄人物呢？"孩子可能回答："孔子是我心目中的英雄人物。"然后，你要再问他："为什么呢？"可能他会说："因为孔子周游列国，可以到处玩。"此时，你就可以引导他："其实孔子并不是到处去玩的，他是去推广自己创立的儒家思想。孔子的思想在中华文化圈传播了两千多年，直到现在还有很大的影响，我觉得孔子是个英雄！"并且，你要接着鼓励孩子："你想成为孔子一样的人吗？如果想，就要好好学习国学。"也许孩子心目中的英雄人物是第一个登陆月球的航天员阿姆斯特朗，你就可以这么鼓励他："努力学习科学知识，将来你就有可能成为航天英雄。"

建议各位父母、老师，要想办法引导孩子找出他心目中的英雄人物，进而鼓励他以这个英雄作为人生范本，人生就有了奋斗的方向与目标。如果孩子心中的英雄人物是蝙蝠侠，那么你就告诉他："蝙蝠侠是专门保护善良的人，身体一定要很健康、很强壮才可以做到！所以，你也要身体健康啊，身体健康就要多吃新鲜蔬菜，不可以挑食哦！"通过了解他到底想当什么样的英雄人物，跟他说明这个英雄人物的作为，他就会去想如何努力加强自己相关的知识和能力。

让我们以"唤起内心英雄式的自己"的角度来鼓励孩子。跟他说：

“每个人的内心都有一个伟大的志向，你也是未来的英雄，只是目前还没有发挥出这英雄式的专长。”鼓励他积极跟进内心英雄式的自己，对未来充满信心。

让孩子学会使用自己的灵感

“心灵上网”，这是我自己发明的新概念，提倡的是人类灵感的重要性。许多人之所以取得成功，是因为他们擅长在生活和工作中使用灵感。

所谓上网，就是用电脑连接到互联网，可以搜寻到很多的信息。其实，我们的心灵也可以上网，连接到人类内在的集体潜意识，也可以搜寻到非常多的信息。就如心理学家荣格、弗洛伊德等人所说，人类除了意识还有潜意识，除了个人的潜意识，还有一个集体的潜意识。集体潜意识是人类的宝藏。但是，我们要怎样得到呢？这就是我要跟大家分享的主题——灵感。

什么是灵感呢？举个例子来说，有一个化学物叫作 C6H6，中文叫作苯。苯的化学结构是一个六角形，当年的科学家在找这个化学方程式时，怎么排都排不出来，没有办法找到它的实际样子。后来，有个科学家晚上做了一个梦，梦见一条蛇咬着自己的尾巴变成一个圆圈。他一觉醒来后想起这个梦，突然灵光乍现，原来，苯的化学结构式就是像一条咬着自己尾巴的蛇一样。这个科学家就是通过做梦而获得了灵感。

我再换一个角度来解释，假如你是一个小说家、发明家，或是一个创造者，那你一定非常需要灵感；尤其是文艺工作者，可能有些人习惯通过抽烟、喝酒来获得灵感。我们并不鼓励抽烟、喝酒，事实上，灵感就是我们内在的一种感觉能力，而且不晓得从什么地方来，仿佛它就自然地从内心出来了。

谈到灵感训练，目前在儿童教育中仍是非常少见的，许多父母、老师并不知道怎么教，也不知道当孩子有灵感出现时该怎么办，便也不去多问。要如何培养灵感呢？有时候，我们可以让孩子记录他的梦，因为梦境正是人类伟大创造力的源头。告诉孩子，如果夜晚做了梦，等他醒过来时要告诉爸爸妈妈做了什么梦。孩子常常会做很多梦，当他兴奋地讲起时，有些父母会说："梦有什么了不起，每个人都会做，不要说了，不要说了。"实际上，梦有惊人的作用，尤其是对孩子而言，梦是展现他创造力的最好时刻。

科学家研究过，孩子的梦境大部分是彩色的，当他们在做梦时，整个大脑都是活跃的；换言之，孩子在做梦时，他的大脑潜能同时也得到了开发。做梦与记录梦境的过程，就是孩子最佳的灵感训练；当然，这对大人来说也是一样。

当你遇到困难时，先不要一直深陷其中，也别觉得难过、痛苦，也许去散个步、喝杯茶，灵感自然就来了。肖邦的《夜光曲》，其实就是他在散步时突然听到一首诗，然后音乐的曲调就在脑海中突如其来地出现了。

因此，要鼓励孩子去抓住灵感，了解灵感，他就会越来越能够由自己的内心解答问题。各位一定要明白，我们不仅仅依赖头脑的思考、逻辑来解决问题，也要依赖灵感。

有一次，我因为办某件事，需要毕业证书，可怎么找都找不到，一连找了好几个星期，也翻遍了每一个角落。突然有一天，我有一个闪念，会不会掉到抽屉后面的缝隙里了？我就把抽屉整个拉出来，毕业证书果然就掉在里面了！各位问我怎么会知道的？我就是知道啊！那答案从哪里来的呢？是从灵感来的啊！

训练孩子的灵感时，我们要教他学会放松，然后跟他谈梦的内容，鼓励他多多使用灵感。使用灵感很简单，让孩子试着天马行空想象一番、创造一番，通常在身心放松的时刻，他的灵感就来了！

一个家庭若懂得爱的力量，经常表达对家人的关爱，家庭气氛就能和谐美满，可惜很多人经常苦苦压抑自己心中的爱，忘却了自己应该接受别人给的爱，也应该大方地将自己的爱给出去，如此才能让这个世界更加丰富。

第五章
健康家庭，爱的逻辑

让爱的能量流动起来

现在的家庭，夫妻之间的相处常常都用来谈事情，甚至两人在同一家公司上班，每日下班回到家也继续谈公事；孩子回到家后，父母也是和他谈事情，问他功课做了没、有没有去补习、学校有没有发生什么事、老师对你如何如何……以上就是现在众多家庭的真实写照，彼此之间一直在谈很多很多的事情，但却忽略了最重要的事——如何让情感的能量在家庭中流动起来。

人要学会活在当下。什么叫“活在当下”？就是事情过去了，情绪也就过去了。偏偏很多人虽然事情过了，却会牢牢记得谁伤害过自己、谁对自己好不好，永远忘不了过去。父母在教育孩子时遇到这种问题，常常会觉得很困扰。

我发现有些孩子之所以会如此，很多时候是因为他想先发制人。其实，他内心非常想达到父母的要求，非常希望自己能符合父母的期望，所以当他做不到又担心被责备时，心理上便产生了一种先于对方的攻击反应——他先来找你麻烦，因为他知道如果不先找你麻烦，等一下他理亏就要被骂了。这样的孩子，由于一直没有达到大人的期望，长久下来，也会在内心形成很深的自我责备。

有一次，我给一个这样的孩子进行治疗时，就轻轻拍着他的背说："没有关系，你做得不好没有关系，你的爸爸妈妈已经改变了，他们不会像过去那样指责你了。"当感觉到父母完全接受他了，这个孩子就会慢慢放下这种防卫反击性格，也就是所谓"我先攻击你，你就不会再来责备我"的反应模式。

在家庭中，人与人之间的情感能够自然流动，这是非常重要的一件事。有心理专家建议：每星期至少彼此要聊心情一个小时，尤其是在家庭当中。在这一小时的时间里，双方（或是更多人）不要在说话的同时一边还各做各的事情，也不讨论具体的事情，就是好好地谈心。

有不少夫妻把婚姻关系搞得很紧张，就是因为他们不谈心了。到后来，两个人仿佛形同陌路，这么亲近地睡在同一张床上，可是却感觉咫尺天涯，心的距离是如此遥远。事实上，夫妻应该是彼此世界上最好的朋友，能够彼此掏心掏肺，互相分享心里的真实感觉才对。因此，我遇到正在寻找伴侣的人，都会鼓励他们先做好朋友，后做男女朋友，再做夫妻。这是一个循序渐进的良好关系发展路径，让两个人可以更好地沟通彼此的感受。

亲子之间也是如此。比如说，你经常要这样和孩子谈心：宝贝，你觉得你上学开不开心？有没有不开心的事要跟爸爸妈妈说？你在学校有没有交到好朋友？交到好朋友的心情是怎样的？当爸爸妈妈的孩子感觉如何？还是你想要跟其他的孩子交换爸爸妈妈呢？你觉得爸爸妈妈有什么地方做得不好吗？能给我们提提意见吗？

此外，要经常留意孩子的情绪，问问他在学校是否被欺负、被老师责备了……最好的父母是要去了解孩子的心情，要成为孩子的好朋友。比如说，如果爸爸刚刚批评过孩子，妈妈就要对他说：“刚才爸爸批评你时，你是不是很难过？如果你很难过的话，妈妈可不可以抱抱你？妈妈想跟你说说话，让你的心情好一点。”

在过去，父母们很少注意到孩子的内心与情绪部分，我们总是以为小孩子哪里会有什么情绪，小孩子不准生气、不准发脾气。这样的观念是不对的。请各位想一想，如果是你的老板生气，你会怎么说呢？你应该会说：“老板，你为什么生气？你告诉我，我可以改进；你跟我说，我愿意学习。”那么，为什么面对最重要的家人、孩子，却无法如此呢？建议各位父母在亲子互动中也要有相同的心态，让亲子之间有更多的谈心时间，去更多地了解孩子的心情。

经常利用假日全家一起出游，去森林公园散步，去看看山林、听听鸟叫，在这样温馨的气氛当中，亲子情感的交流就可以增加。当我们跟孩子之间有了更多情感的交流时，家庭生活就会更和乐美满了。

讲道理不等于沟通

我曾经看过一部电影，叫《人生决胜球》。虽然是体育题材的电影，但其中对亲子关系的冲突有深刻的描写。电影讲述的是一个小女孩在六七岁时，被爸爸送到亲戚家住了一年，到了 13 岁上中学时又被送到技术学校去读书，这两段时间，爸爸都是不闻不问，也从未告知真正的原因，以致在女孩心中留下了巨大的阴影。

现代几乎所有的亲子问题，主要都卡在沟通上。所谓深度的沟通，并不是我有一番道理，我想告诉你。很多家庭的沟通都是在讲道理，其实，沟通不是准备好了才去沟通的，而是真正能够去表达你为何这样想。你要试着去解释你的行为，而不是告诉对方你有什么行为，甚至有时候是要跟对方剖析你自己。

我们通常是用自我与理性在沟通。例如，你希望孩子功课好，可是你并没有告诉孩子为什么希望他功课好，你会告诉孩子的是，爸爸妈妈希望你功课好，是因为社会竞争很激烈，如果你功课不好，考不上好大学，将来会很辛苦。你会跟孩子讲道理，可是并没有跟他讲真正内心的话，只说到第一层表面而已。其实，你真正想说的话是：“爸爸妈妈要你好好念书，是因为我们自己学历不高，在社会上地位不是很高，潜意识里是很自卑的，我们希望你学好功课，这样我们才有面子。”

孩子听到你讲真心话，反应会出乎你的意料：“你早说嘛！为了不让你自卑，我会努力的，可是你不要告诉我一堆大道理。”这样不代表你是对了还是错了，但至少表达的是你真心的感受。我常讲，大道理一点用都没有，那是说给你的自我意识听的。

孩子都是老灵魂，他们的心灵很聪明，早知道你讲的不是内心深处的话。当你跟孩子说你内心的感受时，就代表你愿意面对自己的内心。你有没有面对自己？你能够面对自己多少？你以为用你认为最好的东西来对待孩子，可是偏偏那些都不是孩子想要的。例如，兔子用胡萝卜去钓鱼，纵使它认为胡萝卜最好吃，也绝对钓不到，因为它不了解鱼的需求是什么。我们说找回孩子的心，那个“孩子”指的是谁？其实是你自己。

对于孩子，我们要学会从不一样的角度去爱和尊重。当你告诉孩子一些道理时，结尾最好都补上一句：“以上是爸爸妈妈认为对的道理，但对你而言不一定是对的，即使是对的，也不一定适用于你，你可以做参考。”

教育只是让孩子明白父母的意思，不是要父母告诉他什么是对错。父母永远都希望用最好的方式对孩子，但身为父母的关键，绝不在于怎么教孩子，也不需要父母费尽心思。怎么教才是对的？说句实在话，其实不那么重要，父母只需要让孩子顺着生命去走。父母对自己的存在很诚实，开始关照自己，面对自己，才是亲子关系中最重要的。

所以，和孩子说话时，要说内心的话，而不是讲道理的话、说服他的话。有的父母常常问我：“我的孩子不爱念书，上课不专心，那么贪玩，要如何才能让他爱读书、喜欢上学？”我的回答是：“办不到。”但是我会跟孩子讲：“不喜欢读书是正常的。你爸妈小时候难道爱读书吗？”

当一个人回到本心的时候，自然会找到他自己的路。你和孩子说的每句话，都要回来问自己，那是你的真心话吗？孩子说人生没有意思，你却说人生很有意义，是真话还是违心之论？当你在鼓励孩子，跟孩子说道理的时候，你要问自己，难道我真的相信这些道理吗？你把自己说的话录下来，放给自己听，搞不好你也不怎么信啊！

我们常常没有面对自己真实的内心，没有面对内心深处的不信任、不安全感、自卑等等。没有真实面对自己的父母，是面对不了拥有老灵魂的孩子的，甚至在他们面前是无能为力的。因为孩子所有的问题，总是会碰触到你内心的某个问题。你过了这一关，才能真正帮助你的孩子。

问题儿童与婚姻危机的关系

过去常听母亲说这样的话："当初要不是为了你们这群孩子，我也许早就跟你爸爸离婚了！"但大家都知道，她老人家总爱碎碎念，也不知道说的是真的还是假的，难道父母没离婚真是为了孩子吗？

我在门诊常遇见一个头两个大的父母，记得有个家庭的情形就是如此：孩子在学校不断地惹麻烦，打架、翘课、偷东西，还聚众羞辱老师，还常打他的同学……弄得父母三天两头跑学校，向老师道歉，向其他家长求情，赔付其他小孩的医药费。

这对父母总是摇头叹气，他们齐心合力地站在同一阵线，为解决孩子的问题携手合作。在深入交谈之后，我发现这对夫妻的婚姻问题由来已久。结婚之初，太太就有离婚的念头——因为新婚第一天她就有被骗婚的感觉，先生有赌博、酗酒的恶习，婆家更是充斥着无理的要求。但是天不遂人愿，她突然怀孕了，后来孩子出生，她只能咬着牙忍了下来。当孩子逐渐长大，太太心想，至少让孩子在年幼时感受到完整家庭的温暖，于是决定等孩子上中学后再和先生离婚。夫妻两人这十几年来真是三天一小吵、五天一大吵，家中永远是乌烟瘴气。好不容易挨到孩子上了中学，太太盘算着终于可以结束这个婚姻了，没想到孩子却出了问题。

这样的例子真是屡见不鲜。家庭教育专家往往指出，孩子是问题家庭的“代罪羔羊”，许多问题婚姻会制造出有行为问题、情绪障碍的孩子。其实，这样的说法只对了一半。

任何孩子的问题或症状必定有其“正面意义”，这是我们在帮助问题孩子时一定要具备的心态。比如前面的这个例子，孩子早就知道父母的婚姻出了问题，从小就在不安全感、不确定感中成长。上了中学，纵使妈妈不说出来，孩子也知道妈妈有想离婚的强烈念头。于是，孩子的潜意识里充满了不安，恐惧家庭破裂，恐惧父母离婚，恐惧自己没人照顾。这对父母一天到晚只会热吵、冷战，孩子不知道如何把他感受到的恐惧不安说出来，因此，在学校的打人、骂人、反叛的恶劣行为都是所谓的求救行为：“来人啊！谁来帮帮我啊？我内心有很多的恐惧，我需要有人关心我、了解我、倾听我，可是我的父母一天到晚只会吵架，而且快离婚了，我该怎么办？”

孩子的问题行为旨在吸引注意，求取关心及援助，可是有些不明就里的老师却只会一味地惩罚孩子。在此情况下，孩子的行为会变本加厉。有一天，孩子的问题终于引起了父母的注意——因为老师、其他家长开始找上了这对父母。孩子的问题终于压过了父母的婚姻问题。出了问题的孩子，逼迫父母暂时忽略婚姻的危机，放弃想离婚的决定，孩子因此成为父母共同的敌人来让父母不再视彼此为敌人。孩子的问题让互不沟通的父母第一次有机会成为同一阵线的战友，为了孩子共同求助于老师，坐下来和心理专家会谈，一同哭泣，一同伤脑筋。换言之，孩子用他自己成为问题来阻止父母离婚，阻止家庭的破碎，阻止让他自己成为单亲小孩。

如果你问任何一个孩子，这样做值得吗？百分之九十九的小孩绝对会大叫，不但值得，而且大大的划算。因此，在青少年门诊里，我常常一面协助伤脑筋的父母，一面心中暗想，孩子正在借自己的行为问题及情绪障碍来阻止父母离婚，借此令父母再度成为同修。

人生真的充满了奥妙，有时一个问题的产生是为了阻止另一个更大问题的发生。因此，当我们要解决问题时，不能只看到这个问题造成的麻烦，有时也必须深思一下问题的背后是否还有一个正面意义存在。

教育孩子，请从夫妻双方的互相尊重开始

家庭的和谐与父母之间的互动情形，是影响孩子心理健康最重要的因素。

在我辅导的案例当中，常有些孩子特别不配合、特别调皮，也特别不尊重大人，有时大人说话，他根本没有听到耳里，也就没有办法去服从。进一步做家庭治疗后就会发现，原来是因为整个家庭都缺少互相尊重的气氛，比如爸爸总是跟妈妈说，你这没做好，你那样不对啦……几乎都用指责的方式对待，让这个妈妈在孩子面前也没有尊严、没有地位。

如果一个孩子每天看到的妈妈是一个这样没有地位的人，那他会尊重妈妈吗？我想，答案应该是不会。各位再想想看，如果他天天看到妈妈用诸如“你这个烂男人，你真是没有用”这样的方式骂爸爸，这孩子心中会有什么感觉呢？可能他心里会想：反正这是一个没有用的爸爸，何必听他的话呢？

父母总是互相指责、批评，就像双方互扯后腿，孩子究竟该听谁的呢？那么，他的内心就会无所适从，好像有两个方向在同时拉扯，也就

不觉得这是一个健全的家庭了。

科学研究显示，在一个父母感情和谐、彼此尊重并且能够充分沟通的环境下长大的儿童，将来在社会上的表现会比较正面。所以我常讲，想要搞好家庭教育，就一定要从大人来着手。比如爸爸妈妈常牵着手散步，孩子眼中看见的是一幅多么和谐、亲密的画面，这也就是最好的家庭教育影响。

常有父母喜欢对孩子诉说另一方的不对，这是很不好的。父母本身一定要先以尊重的心态和方式互相对待，令孩子看得起爸爸，也看得起妈妈。首先，父母的教养态度要一致；其次，如果有不一致的意见，要以尊重的方式来对待彼此；再次，两人之间的情感要有交流。有许多父母，要么把对对方的不满、抱怨藏在心里，要么就是对着孩子大肆数落对方的不是。建议家长们如有意见不同，要让心里的一些感受相互交流、好好讨论，同时也要注意避开孩子。

另外，不要让家庭中有暴力行为出现。这里讲一个我曾辅导过的案例，故事听起来蛮辛酸的。这个家庭，爸爸爱喝酒，每次喝了酒回家就会打妈妈，孩子从小在暴力的阴影下长大，很痛苦，很自卑。到了青少年时，他开始觉得，不能再这样子了，他要保护妈妈，于是有一次爸爸喝酒后又开始打妈妈时，突然发现孩子手上竟拿着菜刀！幸亏发现得早，才得以避免一场人伦悲剧。

我跟这位妈妈说："你身为母亲，一定要想办法阻止自己被打，因为你是一个大人，如果你没有能力阻止自己被先生打，那么，你可能就会看到自己的孩子跟先生相互伤害。也许有一天，你的孩子会变成杀父凶手，到时你的孩子也会坐牢，那你该怎么办？”我告诉她，当面对家暴时，一定要学会求助，可以求助亲朋好友、公安机关或妇联机构。

我们中国人有一个不太好的习惯，叫“家丑不可外扬”。常有人觉得，我打自己的老婆和小孩，关别人什么事？各位，这是不对的观点！可能你的老婆是我的邻居，是我的同事，或正是我的女儿，所以当然会影响到别人。家庭暴力和儿童受虐都是社会案件，所以你不能再说这仅仅是家庭内部的事。

社会的观念要改变，只有从大家关心彼此开始，以健康的心态及方式面对问题，这样才会减少问题的发生，社会才会更和谐。

当你犯错时，请给孩子一个诚挚的道歉

儿童情绪障碍问题在现代教育中越来越受到重视。我们常说，孩子是未来的栋梁，希望他们的情绪是光明、乐观的，而不希望教育出一个冲动暴躁、动不动就发脾气的孩子。

孩子的情绪障碍到底是怎么产生的呢？

我辅导过一个孩子，在学校经常出现情绪问题，容易发脾气，容易跟其他孩子起冲突，老师因此非常忧心。现在的老师其实越来越辛苦，发觉孩子出现问题时，要去了解他的家庭背景，而每个孩子又来自不同的家庭，所以老师难免会有一些无力感。说起来，这也是一个非常负责任的老师，后来她真的做了家庭访查，才发现原来是一个问题家庭，孩子的爸爸本身就有酗酒问题，还有暴力行为，会动手打孩子的妈妈。孩子看多了父亲的暴力行为，会在无形中模仿；这个孩子就是因为在家不时看到爸爸打妈妈，到了学校就模仿爸爸去揍其他的孩子。

所以，当老师发现孩子出现情绪障碍时，首先要去探讨的问题，就是了解他是否来自暴力家庭——可能父母在教育孩子时失去了耐心，于是经常打骂孩子，时间久了，孩子在情绪方面就会出状况。其次，要探

讨是否父母本身就有人格、情绪上的障碍。有许多父母是在还未准备好的情况下就当了父母。

那些在暴力对待下长大，尤其从小就受虐的孩子，成人以后也很有可能会变成一个具有暴力倾向的人，也许他平时很内向、很温和，可是只要感觉到被侵犯，马上就像火山一样爆发。曾经有个家长前来求助，她说："许医师，我的孩子变得特别暴力、叛逆，用粗话骂我，甚至有时还想打我或他爸爸。"深入沟通之后，这个妈妈才跟我说："是不是因为小时候我对他很凶啊？他小时候很不乖，所以我常用暴力手段对他，用责备、打骂的方式教育他。"

父母会慢慢变老，孩子会慢慢长大，你现在打他，有一天当你老了，生病卧床了，这时你的孩子可能会说："你现在七八十岁了，不能动了，我七八岁的时候你经常打我，你还记得吗？现在换我打你了……"因此，建议家长们不要用打骂的教育方式，这种方式刚开始可能很有效，可接下来就会产生很多不良后果，造成孩子的情绪障碍或暴力行为。

当我们发现孩子生活在经常被打骂的环境下，如果想要帮助这个孩子，就必须去改变他的家庭，而家庭中最重要的成员就是他的父母了！身为父母的人一定要了解，你这样子打骂他，可能会造成孩子的情绪障碍，让他变得内向、退缩、多疑，也可能让他变成一个暴力儿童，多年以后，他会用暴力的方式还回到你身上。

如果你曾经打过你的孩子，建议你为自己的行为向孩子道歉。你可以告诉他："孩子，爸妈以前用打骂的方式教育你，我们知道那是不对的。我们很难过，很后悔用这样的方式对待你，因为我们也不晓得怎么做父母，以为这样是对你好，却反而伤了你的心，我们觉得很抱歉，希望你能够慢慢走出阴影。现在我们向你保证，未来一定会用爱的方式对待你，不会再打你、骂你。请你监督爸爸妈妈，及时提醒我们，我们一起进步，好不好？”

以上示范，希望能给父母们一些提醒。虽然我们以前常讲“天下无不是的父母”，但这是从孩子的角度来讲的。父母当然也会犯错，那么当你犯错时，请给孩子一个诚挚的道歉，面对如此真诚的坦白，相信孩子是能够再接受爸爸妈妈的。不过，各位也要注意过犹不及，让自己完全无地自容，以致孩子反过来指责你：“看，你们都是错的，都是不应该的！”并非要到这个程度，而是需要真心的交流与沟通，目的是让彼此能够在谅解中珍惜对方。

说出口，让爱自由

人与人之间，或多或少都有“相爱容易相处难”的复杂情结，即使是亲密的夫妻关系也常有这种纠结发生。有时妻子明知丈夫很爱自己，却又无法接受丈夫对待自己的方式，让两人的相处十分辛苦。也有些妻子经常抱怨丈夫不理解她，事实上，妻子必须先明白，丈夫有可能永远都无法理解你，因为理解与否并非妻子单方面可以决定的，妻子唯一能做的就是自己先设法理解、尊重丈夫。而丈夫如果暂时无法理解妻子，至少也要懂得尊重妻子。

当我们不够理解一个人时，就很容易不认同他的所作所为，这时候就需要尊重对方了，因为尊重会使双方保持适当的距离。在这样的距离之外，可以使双方冷静地观察彼此的内在状况，唯有真正地理解及尊重对方，才能释放双方的苦痛。

如果我们都能用学习的态度来看待人生，很多冲突与挣扎就能化于无形。此外，也要经常怀着感恩的心情来对待身边的人，进入感恩的状态时，身上会散发出强大的能量，足以疗愈身心疾病，修补各种人际关系。

每天只要花上十分钟，让自己处于感恩的状态，选一个人、一件事来感谢即可。你可以感谢自己的身体、感谢周遭的人、感谢这个世界，甚至是一棵植物、一块石头都行，只要抱持感恩的心，少一点批判和指责，最大的受惠者将会是你自己——内在将会越来越祥和平安，身体也会越来越健康，个人命运以及你眼中的整个世界都会因此改变。

我们应该从小就教给孩子爱的力量，并且告诉他："你的心中有无尽的爱与智慧，也有无限的潜能等着你去开发，生命是如此珍贵丰富，充满了创造性，你将会热爱生命、热爱身边所有人。"长大之后，孩子才能拥有正确的生命观，进而建立完整健全的家庭。

同样的，一个家庭若懂得爱的力量，经常表达对家人的关爱，家庭气氛就能和谐美满，可惜很多人经常苦苦压抑自己心中的爱，忘却了自己应该接受别人给的爱，也应该大方地将自己的爱给出去，如此才能让这个世界更加丰富。

举例来说，有一次，我那出家当和尚的哥哥回家来了，我妈妈当着全家人的面唱起《故乡的妈妈》那首歌，想表达对儿子的爱，让儿子知道故乡的妈妈有多思念他，希望儿子能经常回家探望她，和她相处久一点。这是由于妈妈不知如何用言语表达，只好通过这首歌，让儿子知道妈妈永远在故乡等着他。

看见眼前这一幕母子相依的画面，我霎时感觉到这个家有好多说不出的爱在流动着。我相信很多人的家庭也是如此，家人之间有很多爱都没有表达出来，非得遇到生命的无常或意外时才愿意将爱说出口。有太多人没有表达出对彼此的关爱，妻子渴望丈夫的拥抱而不可得，父亲对女儿有说不出口的爱，朋友之间暗藏弥足珍贵的友情。

这些情感都被压抑了下来，或扭曲成了愤怒、怨恨，因为当我们长成大人之后，便无法像个孩子般轻易将爱说出口，太多的限制与担心，让我们心中丰沛的爱流不出来。唯有勇于表达自己的爱，才能将爱的力量分送出去，让所有人都受到爱的滋养。

父母如果无法教导孩子感激他人，拥有一颗感恩的心，他长大之后会懂得感恩父母吗？想让孩子懂得感恩，做父母的就要随时对他表达感恩之情，偶尔可以对孩子这么说："孩子啊，多亏有你来做我们的小孩，我们才有这么多欢笑，谢谢你成为我们的小孩，这真是一个明智的决定，我们一定不会让你后悔做出这个选择的。"你也可以对孩子说："孩子啊，虽然我们不是多显赫的人家，也不是最好的父母，但我们一定会让家充满爱和鼓励，并且教你许多智慧，让你明白自己有多棒，终其一生活得健康快乐，对这个世界充满希望。"

如果父母让孩子后悔来到这个家庭，那么父母就有检讨的必要了。父母应该感谢孩子的陪伴，感谢孩子带来的欢乐幸福，唯有做懂得感恩的父母，孩子才会觉得自己的选择是对的。

所谓感恩，不是要你见人就称谢，而是让自己处于感恩的状态。当你处于这种状态时，整个内在的能量都会起变化，而别人也会收到你的感恩能量。试想一下，你喜欢善待哪一种人？必定是懂得感恩的人吧？如果你是一个经常散发感恩能量的人，其他人也会被你所吸引，主动来帮助你。

时代在改变，对于父母、老师的要求越来越高。这是因为现代人对儿童教育的重视与关注，我们都希望孩子能够有很好的发展。所以，我们可以这样说：从事儿童教育的老师，其实比大学教授更重要。

第六章

教子有方，其实不难

巧用创造力，让孩子爱上学习

在我们人生当中，创造力是非常重要的一项能力。就像我经常对许多家长和孩子说："我创造自己的命运。"所谓事在人为，人生就是一个创造的过程。"我创造自己的命运"，这是一个所有人都要慢慢学习的重要观念。

首先，你要有非常乐观的想法，以及正面的人生观，经常保持愉快的心情。所以，我常告诉自己："我是来地球出差、旅游、学习、考察兼玩耍的。"如果人生能在玩耍当中，兼顾学习和创造，那将是一件非常快乐的事情。既然快乐是一天，痛苦也是一天，那么，我们何不用快乐的心情面对呢？当我们带着正面的情绪，每件事情都用愉快的心情来面对时，生命也会因此变得非常正面，这就是创造的开始。

举个例子来说，有一个妈妈带着她的小孩来找我，她说："许医师，我的小孩不爱念书，上课又爱说话，在学校常被老师骂。怎么办啊？"我就问这个孩子："请问在学校里上课时，你可以走来走去吗？"孩子说："不行，会被老师骂。"我又问他："如果你回家以后不写作业，是不是也被爸爸妈妈骂呢？"孩子说："对！"于是我就跟他说："叔叔教你两个方法，可以让你开心，并且玩的时间也会增加。”孩子一听到玩的时间会增加，立刻变得很开心。我说:“第一，你上课要专心听老师说话。”孩子就问:“叔叔，为什么上课专心听老师说话可以增加玩的时间呢？”我告诉他:“因为你上课反正也不能玩嘛，不如专心听老师说话，这样老师就不会处罚你，你下课就可以好好去玩了。第二，你放学之后，赶快把老师上课教的内容复习一遍，然后把当天的作业写完。作业很快写完了，你玩的时间就增加了。按照叔叔告诉你的方法做，我保证你会过得比较快乐。”

事情的发展真的非常神奇。这个孩子果然开始专心听讲，因为他知道反正上课时间也不能玩，只有下课才能尽情地去玩；每天放学之后也都赶快把功课写完，写完之后就问妈妈:“我可以去玩了吗？现在可以上网了吗？”妈妈看到他把作业全都完成得很好，当然就同意了。那个妈妈在一两个星期之后告诉我:“许医师啊，我们家小孩的功课真的进步了，因为他变快乐了！”

我常跟孩子说:“念书，其实是因为我们需要更多的时间来玩耍，上课听老师说话，也是因为我们不用因为拖拖拉拉而被罚。”我也常跟家长说:“我们要帮助小孩子找到学习的乐趣，因为我们的创造力是从乐趣中得来的。”

创造力，就是我们要在生命中创造出很多的快乐、很多的开心，并且可以学习成长。用愉快的事情引导学习，一旦孩子对他的功课感到有兴趣，他的创造力就出来了，学习的成效也会增加。

不要逼迫厌学症孩子去上学

在这个时代，我们知道父母难为，老师也越来越不容易当了，因为时代在改变，对于父母、老师的要求越来越高。这是因为现代人对儿童教育的重视与关注，我们都希望孩子能够有很好的发展。所以，我们可以这样说：从事儿童教育的老师，其实比大学教授更重要。因为，幼儿园和小学阶段的教育，正是儿童建立身心健康的关键阶段。而本科、硕士和博士的教育，是知识和观念的学习。

现在的父母和老师常常发现，不少孩子有厌学的情形，出现了不想上学的情绪，在儿童心理咨询中也经常见到有厌学症的孩子。

这一类孩子到门诊求助，通常父母会说，孩子从什么时候开始不按时起床，起床之后又拖拖拉拉，到了学校又不愿意进去。当孩子出现厌学的状况时，父母当然会很困扰，可是由于大人要上班，哪有那么多时间跟他扯皮，只好催促孩子赶快起床、刷牙、吃饭，赶快上学……我就听过一个孩子告诉我："许医师，我妈妈跟我讲得最多的两个字就是'快点'，快点上学、快点系鞋带、快点准备功课。"

此时，建议父母还是要耐心从以下几个方面去探讨，这样才能够对症下药。

第一，了解孩子在学校有没有被人欺负。新闻上也常报道一些校园的霸凌事件，孩子在学校被欺负了，可是他回家不敢讲。曾经有一个孩子，他是一个警察的儿子，在学校被欺负了，回到家却不敢告诉爸爸，就算爸爸是警察他也不敢讲，因为那个欺负他的孩子跟他说："你跟你爸爸讲也没用，我会连你爸爸一起打。"他就当真了。所以，孩子出现厌学情形，第一个就要弄清楚是否有校园霸凌事件发生。

第二，了解孩子的学习有没有压力。学习的压力可能来自很多方面，比如老师过于严格，或者孩子不喜欢在竞争的环境下学习。所以，我们不要以为厌学的孩子不优秀，也可能是表现很好，才压力太大，导致厌学症状出现。

第三，了解孩子对于上学是否有完成心态上的改变。有些孩子并不喜欢学习，他还打算过着只要玩乐的学前生活。我就曾辅导过一个出于这个因素而厌学的孩子。我跟他分享："叔叔小时候不喜欢上学、不喜欢考试，也不喜欢功课那么多。你还可以问你爸爸，他喜欢工作吗？他肯定也会觉得压力很大啊！可是，人总是要有责任、义务，就像你爸爸妈妈要去工作，或是做好吃的东西给你，人生总有很多东西是要面对的。如果你不喜欢念书，我们可以理解，也可以接受，但我们要慢慢培养乐趣，爸爸妈妈也会常常在上学以外的时间带你出去玩。再者，其他孩子都到学校念书了，如果你不去学校，你就没有朋友了，是不是？"

面对孩子的厌学问题，父母、老师不要急着逼他去上课，否则容易适得其反。曾经有一个孩子，他的妈妈就是用很大的力量强迫他去上课，后来孩子得了抑郁症，再也没有进过学校。此时，我们要稍安勿躁，试着找出原因，当我们找对了原因，再去帮助孩子，让他开始喜欢上学、喜欢人际互动，厌学的现象就会慢慢变少了。

信任的力量无穷大

曾有个孩子跟我说："许医生，我的爸爸妈妈都不听我说话，他们都不相信我。像在学校，明明不是我犯的错，是其他孩子在那里做坏事，我不过是在旁边看而已，爸爸妈妈就因此骂我，完全不听我说明。"这是经常可以听到的亲子冲突。

还有些家长抱怨，孩子到了青少年时期，只跟同学说话，回家就是不跟爸妈说话。可是追根究底，原因就是孩子们常常讲的："反正爸妈都不听我的，他们只信外人说的，他们就只会误会我。既然如此，不如不和他们说话好了。"这里会衍生出一个很重要的问题，孩子一旦在学校被误会了，可能从此之后便不再相信老师；在家里被父母误会了，他可能也不再相信父母了。

我记得有个孩子，班上某位同学的东西不见了，老师认定是他偷的，可是事实并非如此，其实是别人偷了东西放在他那里，但因为人赃俱获，老师完全不相信他的解释。孩子回到家里就跟妈妈说："妈妈，你要相信我……"没想到，解释了半天连自己的妈妈都不相信自己。这个孩子从那一天开始，就不再跟他的妈妈说话了，他觉得，连妈妈都不相信我，那我要怎么样才能够得到别人的信任呢？这个孩子的内心充满了痛苦，小小年纪就开始对生命产生了很深的无力感。

我们要如何化解生命的无力感，找到打败这些看似具体的冲突的力量呢？告诉各位，大前提是，你一定要相信自己是有力量的，这是人生当中很重要的学习。

首先，也许孩子会说谎、欺骗，但千万不要把亲子关系建立在不信任的基础上。比如说，父母带着孩子来看诊时，我都会对孩子说："你可以放心把你的事情告诉我，如果你不希望我告诉你的父母，我会为你保守秘密。"我愿意为孩子保守秘密，我希望他能够信任我。当然，我会告诉他："万一是很重大的事情，我还是会跟你的父母、老师讨论。"

其实，一个人在成长的过程中，最希望得到的就是被信任。以我自己为例，记得是小学五六年级时，我遇到了一个对我的人格发展影响最重要的老师。那时候，班上发生了一件事情，许多同学误会我了，当我向老师解释时，老师相信那不是我的错，他甚至还站在我这边。那一次经历，让我的内心充满了感激。

当一个孩子能得到父母的信任时，他会很快乐，他的人生道路也会因此走得更顺利。反之，当孩子总是被误会时，可能他从此就再也不和父母、老师说心里话了。每个人都不喜欢被别人误会，一旦被误会总是不好受，特别是青少年时期，容易脾气大、反应剧烈，所以跟他说话时，要用比较温和并且信任的语气，令他知道——你永远相信他。

比如父母担心孩子沉迷于上网，不相信孩子可以自己掌握好时间，虽然他已经连续很多次都没有办法做到，我们还是要本着相信的原则。

只有孩子从小就得到父母的信任，他的人格发展才会健全，并且，他会因为你的信任，越来越能够把自己的事情做好。

现在的孩子喜欢上网、玩电脑游戏，父母进来时，就赶快把电脑关掉。看起来好像孩子真的骗了父母，可是如果父母看到他的功课有进步，他的一些行为又不是太离谱，何不在信任的基础上面去接纳、鼓励孩子呢?

有很多孩子，长大后记得最大的鼓励就是哪个老师欣赏他、信任他、夸奖他。一个人如果能赢得老师如此的信任和鼓励，他会觉得，能遇到这样的老师真是天大的福气。一个知道自己在老师心目中是很棒的、可以被信任的学生，纵使短暂迷失犯了错，他最后都会找回对自己的信任、肯定；而一个全世界都不相信的孩子，最后也会放弃自己。因为我们对他的信任，孩子也会愿意相信自己；一个相信自己的人，他一定能找到并走向生命里有意义、有力量的方向。

人际关系是孩子能否成功的关键

很多父母在接触了一些教育理论和方法之后，会开始反省自己过去犯了多少错误，面对孩子也许会不知道怎么说话了，担心伤害到他。其实没有关系，因为改变永远不嫌晚。下面我们就来谈谈人际关系，教大家如何在亲子之间用爱去真诚关心、彼此交流。

例如父母因为生气打了孩子，事后一定要告诉他：“我们是爱你的，刚才爸爸妈妈有点情绪失控，那是我们自己要改善的，但不管我们再怎么生你的气，你要永远记住，我们是爱你的。”让孩子明白父母的爱一直都在，亲子关系也就会越来越佳。这种健康的心态，是亲子互动中最重要的一点。

在我们的教育模式中，只要会考试、成绩优秀，就可以进一流大学。可是西方有很多一流大学，在入学申请时，他们会看学生有没有参加社团的经验，有什么专长或才艺等等，目的就是想要了解学生在人际关系上的能力。我们中国人也讲“在家靠父母，出门靠朋友”，尤其现代社会更是如此，成绩优秀、一流学校毕业也不一定有用，如果你缺乏人际交往能力，就容易出现适应困难。

要如何培养孩子的人际交往能力呢？首先是培养团队精神。有句话说，一个人的成功只是小成功，甚至有时并不算成功；大家一起成功，才叫作成功。这说的就是团队精神。现在家庭里面大都只有一两个孩子，那么，他要跟谁互动呢？故此，我们要让孩子多去参加各种团体活动。从小就要告诉孩子，除了表现自己之外，也要注重团队精神。这种精神对孩子的成长格外重要，因为他将来面对的环境及工作，并不只是一个人，而是众人的合作。

我曾经辅导过一个孩子，他在学校常跟同学、老师起冲突，以致他在人际关系上觉得非常自卑，一直很不快乐，因为他在学校没有朋友，老师也不喜欢他，所以渐渐也不喜欢上学了。我问他："你如果喜欢跟其他孩子玩，都用什么方式来表达呢？"他说："我会推他们，或拿他们的铅笔和书包。"我又问他："如果别人推你，你开不开心？如果别人拿了你的文具，你开不开心？"他都回答"不开心"。接下去，我跟他讲了一句话："孩子，你希望别人怎么对待你，你要先这么去对待别人。"这时，孩子生气地说："可是他们都不理我，都不帮我啊！"我于是慢慢地告诉这个孩子："你得要先去帮助别人。比如你可以自愿当个小队长，帮老师收作业或整理教室，也可以帮助其他孩子。当别人遇到困难了，你就跟他说，有没有什么需要我帮忙的？当你能够主动去帮助别人，就会得到别人对你的好感，你的人际关系就会得到很好的改善。"

听了我的话，这个孩子真的去试着做了，一周之后，我再鼓励他："你要体谅老师的辛苦，继续帮助老师检查作业、维持班上的秩序，当你开始转变自己的心态了，不再凡事只顾自己，你就会变成‘万人迷’哦！”果然，他在学校得到越来越多老师、同学的肯定及称赞，因此也越来越喜欢上学。

用太极理论去引导任意妄为的孩子

许多儿童、青少年会出现一些叛逆行为，包括反抗、不配合、发脾气或破坏性行为，尤其到了中学时期，可能还会跟老师发生对抗或言语冲突，甚至肢体冲突。

这类所谓“不服管教”的孩子，我在临床工作中也经常遇到。比如，有的孩子写字条骂老师，也有的孩子会骂自己的妈妈。一般我们知道就算骂人也要有个尺度，但那些孩子会用一些让人难以接受的字眼，有的学生还用“你是个什么东西”的叛逆言论侮辱老师。

这些孩子，常常令许多父母、老师又生气又受挫。二三十年前，家长把孩子送到学校时会跟老师说：“麻烦你多照顾我的小孩，如果他有什么不乖的地方，该骂就骂、该打就打。”可是时代变了，教育风气也在改变，学校禁止体罚、打骂学生，甚至有些老师骂孩子“笨蛋”，也成为一句侮辱性的话。孩子回去跟父母说明老师对自己的评论，父母第二天会去找校长、老师理论。这种情况真叫很多老师头痛，他们冥思苦想：到底该如何是好？

遇到这种叛逆的孩子，建议老师不要只想处罚，最好的方法是反其道而行，让他来当班级干部。道理很简单，许多孩子之所以叛逆，其实是希望你能注意他；他跟你对抗，是希望你能赞美他。

对于几种不同的表现，说明如下：

第一种，特别调皮的孩子，如果他带领同学跟你对抗，你可以跟他说："不然你来替老师管理秩序，你最棒了，你看同学们都那么喜欢你。"第二种，特别爱表现的孩子，不断扰乱课堂秩序，让老师没法上课，最好的办法就是请他当班长，明白告诉他："来，就是你，以后同学有问题都找你！"让他觉得自己很有能力，并从中得到肯定。第三种，特别喜欢欺负人的孩子，就请他当维持秩序的组长，为了维持秩序、要别的孩子听他的话，他也会开始注意自己的行为。第四种，特别好动的孩子，让他当清洁队长，负责扫地、擦窗，等他完成任务也就累了，就不会再打扰老师了。

这就是我常讲的绝妙功夫——太极拳理论。孩子的叛逆行为好比一拳打过来，此时就要四两拨千斤，懂得顺势而为。当孩子出现这类行为问题时，不要跟他硬碰硬对抗，反而要理解他的内心，这些叛逆的孩子，其实真正想要的是被称赞、被肯定。

有个孩子突然变得脾气非常坏，常跟妈妈顶嘴，不服父母管教，孩子的转变让妈妈很难过、伤心，后来才知道原来是他以为妈妈不爱他了。自从妈妈生了第二个小孩，他发现妈妈比较疼弟弟，这个孩子告诉我，他跟妈妈顶嘴的时候，心里其实是难过、伤心的，因为妈妈不爱他了。

所以，当孩子出现叛逆行为时，建议父母和老师要去探究、了解他的内心，他为什么会有这些问题？他内心受到了什么伤害？孩子内心受到伤害时，往往表现出来的却是攻击，事实上他是在求助。比如说，为什么太太常对先生发脾气、女朋友常对男友发脾气？就是因为她觉得你忽略她了，怀疑你不爱她了。

回到这个孩子的例子。当时我握着他的手说："叔叔相信你不是一个爱生气的孩子，也相信你不是故意捣蛋，你那样做，其实是希望爸爸妈妈能够认同你。其实你是伤心难过的，甚至觉得委屈，因为你以为爸爸妈妈不爱你了，我能够理解你的心情。"

要打动孩子的心，就要了解他们的感觉，体会他们的心情，及时安慰他们。为什么很多孩子都很喜欢我呢？因为在帮助他们的过程当中，我就是这样去理解他们内心的痛苦，能够让他们放松地哭出来。当孩子哭出来之后，委屈、痛苦释放了，他们的心也就软化了。

许多老师心目中的"小恶魔"、捣蛋分子和不合作分子，当去了解他们的感觉时，我总是深深觉得，他们真是一群需要被鼓励、被了解的孩子。希望各位和我一起学习运用太极拳理论，不要去指责他或跟他说大道理，试着用四两拨千斤来顺势而为，你会发现所有的孩子都是可爱的小天使。

孩子迷上了电子游戏怎么办？

当孩子沉迷于电子游戏，尤其热衷于暴力类型的游戏时，对其人格是否会有影响？若放任孩子，他课业成绩下降，那孩子是否会因此失去自信？

孩子沉迷于电子游戏，这确实是现今许多父母面临的问题。其实，孩子打电子游戏，表面上似乎没什么成就，但也许在将来这会成为他赖以生存的技巧。当然，他目前可能只喜欢在游戏里互动，并非真正具有电脑方面的知识，但父母要认识到电脑某种程度上是个虚拟的心灵世界。我们与其反对孩子玩电子游戏，不如引导他在游戏中去面对整个家庭或是个人的内在。

父母应该思考电子游戏到底带给孩子了什么，因为孩子肯定是从电子游戏中得到某些现实生活里无法得到的东西，才会那么着迷。他可能是在游戏中学习人际互动、获得成就感。

要是孩子一直沉迷于电子游戏世界，父母便需自问：为何现实生活中无法提供这一切，而让他必须在虚拟世界中寻求？做父母的必须从孩子所沉迷的事物中找到那个吸引他的东西，然后才可能顺势而为，给孩子较健全的生活方式。

另外，从人类心智活动发展的角度来看，我甚至认为电子游戏将空间感和时间感都打破了，这可能意味着人类心智正在跨向另一个维度，是人同时处理内在和外在世界的训练与学习。我们试着把一个沉迷于电子游戏的孩子，导入内在心灵的丰富创造和想象力的世界。恰恰是许多大人已被现实框住，忙碌使他们失去了内在创造力和想象力，也失去了处理虚拟观念和世界的能力。

此外，有人说沉迷于电子游戏会影响孩子的学习成绩。其实，在一个班级中，有时候反而不是排名倒数的孩子最没自信！因为我们常用外在的表现和成就来填补内心的自卑。在家庭中，承担父母期待、表现较优异的孩子，有时反而较易出问题；而不那么被父母期待的孩子，因为所受的压力和期待较小，心理反而比较健康。

其实，孩子将来是否能够成功，取决于他的挫折忍受度有多高。真正的成功是属于经得起失败和挫折，并且在遭受挫败后还敢于再出发的孩子。那些战战兢兢、不敢犯错的人，反而容易被社会淘汰。

同理心让孩子学会感恩

所谓同理心，就是将心比心。比如在独生子女家庭，往往是好几个大人一起教养一个孩子。这几个大人，每个人都把孩子捧在手心里，孩子在家里就变成了一个“小霸王”，所有的人都要让着他、宠着他，还要必须听他的，这样才不会使他生气。

这样的孩子被宠坏了，他会理所当然地认为，每个人都要把玩具让给他；他生气或哭的时候，每个人都应该向他道歉；当他不高兴时，每个人都要放下手边的事情去安慰他。

上学后，进入一个全新的集体环境，就会产生适应上的困难。为什么会适应困难呢？各位想想看，全班有二三十个孩子，每一个都是父母眼中的宝贝，那么谁要让着他呢？所以，他马上就适应不了了。可能他会想：我在家里谁都让着我，玩具都是我的，可是到了学校，竟然有人跟我抢玩具，我揍那个同学，他怎么能还手呢？他还会想，为何老师没有特别照顾我，而把注意力分给二三十个人呢？这时，孩子就遇到挫折了。

当孩子面对上述的情形时，同理心就是相当重要的一项心理能力。

我们可以告诉他："孩子，你是爸爸妈妈心目中的宝贝，可是别人也是他爸爸妈妈心中的宝贝啊！别人打你，你会难过，那么你打别人，别人同样也会难过啊！"

要引导孩子了解，原来别人的感受就跟我们自己的感受一样重要，原来这世界上不是只有我们自己。当孩子学会感受到他人的感受时，便能够同理别人的感受了，他就会在思想和感受上逐渐成熟起来。

有时父母把最好吃的东西留给孩子，这个孩子就会渐渐认为，这些都是要给自己吃的，别人没有权利吃。有一天，妈妈说："宝贝，这个鱼很好吃，妈妈也要吃。"孩子会直接把鱼拿到自己面前，说："我不要给妈妈吃。"父母往往在这时候才发现，糟糕了，原来我们家的孩子已经不懂得什么叫同理心了。

父母从小给他的教育内容，让他只知道有自己而不知道有别人，甚至是自私自利，完全不在乎别人，也完全没想到那些美味的食物都是妈妈做的，是爸爸在外面辛苦工作才能给他这么好的生活。所以，当父母尽力让孩子过好日子的时候，千万记得，也要让孩子有感恩的心，引导他感谢父母的养育之恩，感谢老师的教导，要教他学会相应付出。

有个妈妈曾跟我说："许医师，你说要经常鼓励孩子，但是我实在不知道怎么鼓励我的孩子，因为他总是最后一名。"我就跟她说："首先，你还是要鼓励你的孩子，你要告诉他，他真的太善良了，你看他长期占据了最后一名，才能够让其他的孩子最坏的成绩也只是倒数第二名，你说他是不是很善良？其次，你看你的孩子，虽然每次都是最后一名，可是他还是这么快乐、开心，即使成绩不好，他还能保持乐观，你不觉得这个孩子很棒吗？”我请她对她的小孩说：“你既然都是最后一名了，也不会再退步了，将来就有机会可以得到最大的进步奖。原来，得到最后一名还有这么多好处啊！”这个妈妈听得都笑了。

其实，同理心就是我们中国很古老的一句话：将心比心，己所不欲，勿施于人。让孩子试着去了解别人的感受，体谅父母的辛苦和老师的付出，家长能够引导、帮助孩子做到这一点，他就会成为一个品学兼优的好孩子。

真正的学习应该贴近生活，学会解决生活上的问题，学会在生活中找到问题的答案，通过解决问题的过程，增加自己的信心，习得人生的智慧。

第七章
新时代儿童全人教育观

学习的迷思

无论是否身为父母，相信许多人对小孩都十分关爱。我自己也经常在思索几个与孩子有关的问题，那就是：我们究竟要带给孩子什么样的现在与未来？如果身为父母的你我都不觉得自己的生活幸福美满，又如何能带给孩子快乐的未来呢？

很多父母都曾经历过中考、高考，几乎就是“一考定终身”。这其中的酸甜苦辣，想必大家都记忆犹新。虽然经过多年的教育改革，大力推广素质教育，但现实状况却正在往相反的方向发展，孩子的书包比以前更重了，花在学习上的时间也比以前更长了。

大多数的家庭迫于经济压力，夫妻都要工作，孩子放学后就只能上一些辅导班，复习当天所学，并完成老师布置的作业，等父母下班后来接回家。曾有父母带着孩子到我的门诊来看诊，我才知道，居然有孩子每天写作业写到深夜十一二点。这令我惊讶到了极点！

如果功课没有完成，孩子第二天到学校会挨批评，但有些孩子写功课习惯拖拖拉拉，搞得陪写功课的父母也快疯了。偏偏大人的世界又竞争激烈，父母对孩子永远有太多的要求和期待，不能不盯紧孩子的功课和成绩。

我很想问各位父母：你快乐吗？你的孩子快乐吗？孩子的未来在哪里？你给的是孩子真正想要的吗？

有句话是这样说的："究竟是未来先到，还是无常先至？"只要细想这句话，就知道人们有多容易被惯性思考所左右了。许多家长总是不断担心孩子的未来，殊不知，很多孩子的"现在"早已不见了，又何谈未来呢？我常说，每个孩子都是老灵魂。孩子有自己的人生思维、看待生命的角度，也会留下自己应有的生命轨迹，根本不用任何人安排——即使是父母。

不久前，我的课堂上来了位新学员，我问起了他的求学经历，他说："许医师，我是医学院毕业的，好不容易念完七年的医学，已经是个前途看好的准医生，但是我不喜欢医院，也不想当医生，所以我决定不去医院上班。我真正喜欢的是文字工作，所以我想去出版社工作。"这个令人跌破眼镜的回答，不禁让我怀疑：当年他在考大学选填志愿时，究竟是自己决定的，还是父母决定的？这位学员当年在进行专业选择时，求的是什么？为什么如今好不容易从医学院毕业了，才发现这一切根本不是他想要的？这也让我们反思：父母教给孩子的观念和想法，到底是对的还是错的？

前几年，教育界掀起了一场争论，主题是：孩子到底该不该有家庭作业？

有人认为，孩子该学的都已经在学校里学完了，哪还需要什么家庭作业？事实上，家庭作业太多，的确可能降低孩子的学习兴趣。如果孩子每天写作业都很痛苦，渐渐就会觉得：学习等于痛苦，等于熬夜，等于繁重的功课，等于没做好作业就会挨家长、老师的骂。亲子之间便开始因此有了冲突，有些孩子甚至开始拒绝学习。

从小学到高中，孩子的学习只为了满足父母、老师的要求；一旦上了大学，再也没有一大堆老师盯着管着，就把一切抛诸脑后，什么都不管了，因为学习实在太痛苦了！不信的话，只要问问现在的成人，从学校毕业后，你们还继续读书学习吗？你会发现，大多数人一离开学校后就再也不学习了，因为只要一翻开书本，立刻就会联想到过去的痛苦经历。

另一派人则认为，若不给孩子布置家庭作业，孩子就会玩得更疯，那么孩子的学习能力将会一代不如一代，因此一定要多给孩子布置家庭作业。

从这两派各执一词的争论中，我们不禁要思考：孩子所学的东西，究竟对他未来的人生有何帮助？而我也想问问各位读者：你从小学念到大学，这一路所学对于现在的你有什么帮助吗？跟你的人生幸福有直接的关系吗？

学习本应是件快乐的事，可以让人增长知识与自信，让人对世界、对人生充满更多的好奇，可惜人们现在习得的知识却逐渐与生命脱节，一切只是为了“考试”。你之所以学习，只是因为担心自己比不上别人而已。知识不等于智慧，能真正助你解决人生问题的，是智慧而非知识。

在这个社会上，成就多、学历高、知识丰富的人，未必过得比较快乐、健康，其人生也未必过得比较自在，更不必然比较有智慧。如果你学了一大堆东西，却对自己内在的平安喜乐毫无帮助，还让你对自己的人生打起了问号，那么就放开一切，回到真正的学习中吧！

其实到目前为止，我们给予孩子的都是一种单次元的学习，孩子学的只是知识，却学不到生命的智慧，更偏离了孩子的自我心灵，让孩子付出了蒙蔽本性的代价，只是一味接受填鸭式的教育。

你知道有多少亲子冲突是源自孩子的学习问题吗？你是否曾经思考过：这一切会不会是完全搞错方向呢？学习如果只是背书、写功课、学才艺，那么我们的教育就真的无药可救了。真正的学习应该贴近生活，学会解决生活上的问题，学会在生活中找到问题的答案，通过解决问题的过程，增加自己的信心，习得人生的智慧。

但我也相信，即便在如今竞争激烈的教育环境下，很多父母也已经觉醒了，他们关注的不再是孩子将来是否具有竞争力、表现够不够优秀，而是孩子的所学是否能充实他自己的心灵，这可以说是一件令人欣慰的事了。

你的忧虑会转化成孩子的恐惧

老子《道德经》云："为学日益，为道日损。"意思是说，一个人所学越多，就越偏离人生的正道。孩子若能循着心灵的道路去学习，就会学得很开心，会懂得感恩，会觉得活着真好，会感谢父母将自己带到这个世界上，会觉得未来希望无穷。

可惜现今有太多父母、老师，不断灌输孩子未来的竞争很激烈、不好好努力将来会很凄惨等思想，让孩子一直活在竞争与恐惧之中，儿童心理问题也因此层出不穷。孩子不但要承受学习的压力，还要拼命与别人竞争，想尽办法打败他人，夺得胜利，他又怎能不累、不逃呢?

记得我小时候，远比现在的孩子要快乐，那个年代家家都有四五个小孩，父母永远忙着赚钱养家糊口，根本没太多空闲管小孩。那时的小孩要比现在自由多了，虽然是随随便便长大，却照样活得好好的。而现在一个孩子有五六个人管：在学校有老师盯着孩子，放了学上辅导班，至少要被两个老师一前一后盯着，回到家还要被父母盯着，如果跟爷爷奶奶一起住，又多了两双眼睛盯着孩子。过去的小孩日子过得再苦，都还能保有自己的空间，现在的小孩放了学根本没地方去，永远只在学校、辅导班、家里三地往返。

或许你也不想让孩子过这种日子，但别的父母都把孩子盯得紧紧的，你敢不盯紧自己的小孩吗？你不担心孩子会输在起跑线吗？你不怕孩子将来缺乏竞争力吗？整个社会便是如此弥漫着对孩子未来的恐惧与担忧。

许多为人父母者，都承受着莫大的社会压力，夜夜焦虑失眠，自己本身受的教育都有问题了，遑论要教育自己的孩子，而孩子们便是在这种充满竞争、压力和负面投射的环境中长大的。这些有着情绪障碍的父母，遇到亲子问题时，根本没有能力应对，致使家庭乐趣越来越少，夫妻之间能聊的主题不多，亲子之间谈心的时候不多。

你同时也会发现，随着年龄的增加，孩子的抗拒心越来越强，从幼儿园到小学，从小学到中学，课业的压力越来越繁重，孩子出于天性开始抗拒眼前的一切。一旦亲子开始对立，孩子的问题立刻成为夫妻吵架的导火索；而更年轻一代的夫妻，问题就更严重了，因为社会越来越多元化，每个人都有各自的想法，吵架远比中年夫妻频繁许多。一方主张孩子要写功课，另一方往往就持相反意见；一方忙得焦头烂额，另一方却袖手旁观，经常为孩子的教育方式争论不休。

我一直难以置信：人们怎么会如此挥霍珍贵的亲子岁月，让自己和下一代过得这么水深火热呢？最后甚至将上一代都一起拖下水了。

有些抑郁症患者经常觉得自己是别人的负担，有痛苦、有烦恼不敢告诉他人，有困难也不想找人帮忙，因为他从小就感到自己的存在增加了父母的负担，从而不断心生自责。

现在生个孩子，家里就仿佛多了个钱坑。看着别人家的小孩上补习班、才艺班，你又不敢让自己的孩子什么都不做，只好跟着忍痛砸钱。曾有父母带着罹患忧郁症的孩子找我看诊，他们把孩子一星期每天的补习行程细数给我听，后来我忍不住告诉这对父母：“一个人的学习到达某个临界点就会崩溃。我建议你们先拿掉三天的补习课，看孩子会不会学得比较好。”后来这对父母发现，抽掉三天补习课之后，孩子的学习果然有所进步。用学习塞满孩子所有的时间，只会破坏他的学习胃口；让孩子有充裕的时间自在学习，才能产生良好的学习效果。

现在的小孩承受着学习的压力与苦痛，其实这是可怕的恶性循环，如果学习不能启发孩子的内在，学得再多也只是加重孩子心灵的负荷，一点意义都没有。

挣脱父母的安排，积极活出自我

一个人的心灵越空虚，就越需要更多的名利、保单、房产、银行存款、他人的在乎，来填补自己内心这个无底洞。但问题是，你为什么要在乎别人的眼光？是因为你在自己心中早已什么都不是了！你为什么在乎别人对你的评价？为什么别人的一句无心之言，会让你多年来念念不忘？你可知道：越在乎别人的看法，就越看不到自己的价值，更表示你在自己眼中什么都不是，因为你的内在早已空无一物了！

成人世界何其悲哀，一个人只要没有安全感，就立刻打开存折，看看里头的数字，这个月多了三万，很不错，再按按计算器，算算十年后这笔钱增值了多少，于是越算越高兴；但如果一看存款少得可怜，就开始担忧将来日子怎么过。然而，每天的日子怎么过跟你的银行存款有什么关系吗？实际上，一个人心灵的丰富与否，跟银行存款并没有绝对的关系。

不懂世间一切事物的，只是孩子的自我意识，而不是孩子内在那个伟大的灵魂，孩子的内在知道什么事该怎么做。因此当孩子遇到困难，不知如何解决时，别急着告诉他答案，也别急着指引他人生的道路。

很多父母太喜欢帮孩子安排一切了。我有一个个案，他是某大医院的眼科主任，最近查出罹患了大肠癌。他的母亲非常爱他，从小到大一切都是母亲安排的，就连女朋友都要妈妈审核通过才算，所以他很晚才结婚。不只如此，他人生的所有大小事，都必须经过母亲的同意才能做。后来他因癌症住院治疗，母亲到医院探望他时，对躺在病床上的他说的第一句话竟是："孩子，副教授职称就快拿到手了，不要放弃！"听得他无言以对，只想当场跳楼——他痛恨母亲，也痛恨自己对母亲如此依赖。

许多父母总喜欢为孩子安排一切，以他们认为好的方式去"管理"孩子，让孩子失去了独立思考的能力。如果有一天，孩子没有父母在身边照顾时，可能就无法生存了。如果你真的想为孩子好，就应该鼓励、赏识孩子，提升他的自我层面，而不是一味拿孩子去跟别人做比较。真正的教育是教导孩子成为一个独立的人，告诉孩子他的内在有一个伟大的自己，无论他对这个自己有多少认识，请让孩子与这个伟大的自己做联结，倾听自己内心的声音。

我曾经告诉一位罹患癌症的学员："你知道自己为什么会得肝癌吗？就是因为你做任何事都太过深思熟虑。"这位学员的父母从小就教导他：凡事要三思而后行，做任何事之前都要先预估结果，过程中还要不断省思与修正。所以他从小到大做每一件事之前，都要反复思量：这件事的成功概率是多少？失败概率又是多少？我每个层面都思考过了吗？后续还有多少事情要处理？你说这样过日子，怎么能不生病呢？

有些事我会多方考虑，听取他人的意见，但有时我也会不顾一切勇往直前，心想：先做了再说，以后的事以后再说吧。因为我深知未来的事无需多想，因此我的身体并无大碍，日子也过得开心充实。很多时候，当我们感受到来自内在的冲动时，不必考虑太多，尽管去做就是了。

行事之前，运用你的逻辑推理能力审慎考虑，是在展现你学习的成果与智慧，并没有什么不好，但有时候不必想太多，也无需考虑太多细节，并不是每件事都要做到滴水不漏、面面俱到。

别总对孩子说“不可能”

我们有个由来已久的教育观：“老大照书养，老二当猪养。”结果往往把老大养得一塌糊涂，还搞坏了亲子关系，孩子没有自信，父母又感到挫败；而当猪养的老二，却养得白白胖胖、充满自信，功课好人缘又佳。所以，别只照自己的意志去教养小孩，因为孩子的未来不是父母可以主导的，而是由老天安排一切。

有一位学员曾跟我分享：“许医师，英特尔前总裁格鲁夫曾说过，在每个领域成功的人，多少都有一点偏执狂，他相信自己的理想，然后Just do it，没有考虑太多。”这也是我们要引导孩子学习的部分。

我们以为只要依靠理性逻辑思考就能过得很好，其实不然。我们只是把孩子训练成物质世界里成功的竞争者，却从未鼓励孩子走出自己的人生道路。因此，当孩子遇到挫折、感到沮丧时，做父母的就要告诉他：“孩子，不要气馁，爸爸妈妈会尽全力帮你。”孩子功课不好、长大之后找不到工作，别因此感到难过失望，只要时时提醒他：“孩子，别担心自己的未来。今天不会，不代表你永远不会。你的内在永远有一个指引方向的声音，能让你免于恐惧与迷失，随时随地给你光与爱。”

这些才是真正的爱的教育，只要你坚定地信任生命，并将这份爱的教育带给你的孩子，让孩子从小就有富足的心灵。孩子若能从小相信生命、相信自己内在的智慧，就等于拥有世间最美好的教育了。

近代以来，很多科学家以为人定胜天，以为人脑可做出生活上的任何决定，但我相信不少人在家庭、事业、情感等方面，多多少少都碰到过人生的瓶颈，也可能曾在内心深处问自己：能够引领我的生命走向圆满、富足与喜悦的力量，到底在哪里？

人类的思维不可能涵盖所有层面，因而应该学会谦卑，承认自己也有孤单、脆弱、迷惘、无助的时候，也有做错事像孩子般哭泣的时候，也有因伤害别人而手足无措的时候，这就是向内在寻求帮助的时刻了。

一个人若只运用自我的理性与力量过日子，就像开着手动挡汽车一样，有万般不便；如果由内在的智慧主导一切，那就跟开自动挡汽车一样畅快自在。所以，当你感到脆弱无助时，不必害怕。此时，只要试着倾听内在的声音，放下所有的忧虑与挂碍。不必担心你会听不见内在的声音，因为它会以直觉、冲动、灵感等方式显现，只要相信并跟随这些感觉，便是与自己的内在有了联结。

赛斯曾说："孩子，你一定是在尚未发展出完善的理性之前，就学会了走路与说话。"也就是说，孩子之所以能学会走路与说话，凭借的是本能与冲动，而不是理性、逻辑思考的结果。

一般人的脑袋里，只要一出现五花八门的奇思异想，便立刻被理性封杀了，其实，一旦心中涌现创造性的冲动、爱的冲动、利他性的冲动时，什么都不用想，只要采取行动即可。你不需要顾虑太多，也不需要知道你的人生问题如何解决，只要负责采取行动就好。因此，当你突然有一股内在的冲动，尽管放手去做，因为在你还没想到“不可能”之前，可能就已经完成目标了。

当你脑中的理性还没出现之前，所有的一切都有可能，一旦理性出现后，便阻挡了一切的可能。所以，如果你的小孩说自己将来长大要当做你认为遥不可及的事情时，千万不要回答他：“别做梦了！”或者孩子说：“妈妈，我虽然功课不好，但我将来会成为画家，赚很多钱给你。”也千万不要小看他的志向，回他什么：“别傻了，那是不可能的！”

就是因为父母对孩子说了太多的“不可能”，让孩子的信念里也充满了无数个“不可能”，才阻碍了他所有可能的发展。所以，请拿掉你脑袋中“不可能”三个字，因为一切都是可能的。

如果能用这种教育观来教导小孩，你的孩子就有无限可能，因为他知道自己是谁，知道自己的特色何在，同时懂得告诉自己：“我今天虽然失败了，不代表我永远失败。”只要相信内在的力量，不断超越自我，就能走出真正属于自己的人生道路。

请在“爱”前面加上“智慧”

从前有个小孩，一直受到父母的宠爱，什么事情都要别人服侍，自己完全不肯动手。

有一天父母要出远门，他们担心孩子会饿死，于是挂了一串饼干在他的脖子上，心想出门这几天，有了脖子上的这串饼干，孩子低头就可以吃到食物，便不至于饿死。可是等他们回来的时候，发现孩子竟然饿死了。

父母非常伤心难过，准备的饼干明明就够吃，怎么会这样？仔细一看发现，这孩子把他胸前的饼干吃完了，但是因为太懒，竟没有把后面的饼干转到前来吃，于是就饿死了。

这是小时候妈妈曾对我讲过的小故事。我常拿它来跟父母们说，过度保护会害死孩子。关于这点，我自己有一些惨痛的经历。我闲暇时有个爱好，喜欢种点花草。有一些室内植物放在房子里面久了，必须拿到外面晒太阳，但这个过程必须是渐进式的，如果常年在温室里的花，一下子就把它放在午后的太阳下暴晒，植物受不了环境剧烈的变化，就会死掉。我没有注意花草的渐进式需要，贸然把它们放到太阳底下，结果都死掉了。我对此很是后悔了一阵子。有一次我去买植物，卖花的人告诉我，养植物的秘诀只有一个，就是不要太爱它，大多数的室内植物都是因为浇水过多而被涝死的。

养花的经历和卖花人的这句话给我的启发很大，父母不要因为太爱孩子而过度保护他，或者给予孩子太多父母认为好的而孩子不能接受的，剥夺他学习的机会。爱就像给花浇水一样，刚刚好才能达到最佳效果。我们应该学习让孩子逐步地为自己负责任，如果过度保护，让他没有自己独立做决定和为自己负责的能力，又过度干涉，导致他缺乏信心、不敢做自己，这样过度保护又过度干涉的教育，对孩子的成长真的是很不利的。

很多父母有一个盲点，尤其是小时候受过很多苦的父母，他们当年因为贫穷走过很辛苦的成长路，所以会希望孩子少受一点苦、少走一点冤枉路。这个出发点是好的，但是他们往往忽略了一点，受苦常常会伴随着成长，在这个过程中也是在培养孩子的能力，让孩子慢慢学会独立和自我负责。如何有智慧地爱孩子，真是一门很深的功课。

受到过度保护的孩子，由于养尊处优，本身的能力并未被培养起来，就像温室里长大的花朵，缺乏抵抗外界病虫害的能力。于是在学校或公司里，面对挫折时很被动，无法找到因应之道，更不用说适应社会大环境了。

我常打个比喻，孩子就像小树，如你想让他长得又高又壮，要给他充足的阳光、空气、水，让他自在成长；如果压抑这个、限制那个，他只能当个被放在室内观赏的盆栽了。如果孩子想做事情或表达想法时，你却不断跟他说，这个决定不对，要这样做才对，那么，孩子的自我根本没有机会成形，这就好比煮饭时，每隔三分钟去掀一下锅盖，饭怎么会熟呢？

父母否定孩子的想法、意见，是因为他们认定自己的指导对孩子比较好，但却没想到，孩子的自我已被摧残殆尽。孩子会理直气壮地跟你说：既然你要我当温室的花朵，那么你就得扮演好温室的角色；既然你不让我为自己的生命做决定，那么，你就为我的生命负责吧！

正确的教育方式是，鼓励孩子拥有健康、成熟的自我，能够自己面对、解决问题。父母的态度甚至是忍住不出手，这有时比及早出手还要难，比如看到孩子跌倒了，不要急着把他抱起，而让他自行观察现下所处的状况，用自己的方法和力量站起来。当孩子的自我尚未成形，既被过度保护，缺乏挫折抵抗力，又被过度批判和干涉时，问题于是产生——他从青少年期过渡到成年期，便会害怕做决定、为自己负责，到达临界点时，就可能会出现精神分裂症状。

如果你想启发孩子内在的潜能，只要给他源源不绝的鼓励、称赞和自信心，同时改变自我，就是最快速、最简单的法门了。

第八章
让孩子展开生命的翅膀

请为孩子鼓掌

你发现了吗？其实每个小孩都很爱表现，也几乎都具有出色的表演天赋。你也一定记得自己小时候，很喜欢在大人面前展现自己吧？

生命本身就是一种展现，小孩子都很喜欢表达自己的意见，因此，如果想发掘孩子的潜能，就要尽量让他有表达自我的机会，并经常让孩子能站上舞台，受到众人的鼓励与肯定。

我们基金会分会主任有个很可爱的儿子，理个光头，经常在我们眼前跑来跑去，而且非常活泼，动不动就在客人面前表演，不管表演的是什么，总让人笑得合不拢嘴。但他上小学二年级之后，突然对自己的表演行为感到害臊，就不再喜欢在人前表演了。这是为什么呢？

我想这是因为大人的世界扼杀了儿童的表演天分。大人的无心之言，经常会带给孩子极大的挫折。在孩子想展现才能或表达意见时，经常会被父母、老师泼冷水，让孩子觉得很受伤。所以，不管孩子在你面前表演什么、表演得好不好，都请报以热烈的掌声，并且告诉孩子："宝贝，你表演得太棒了！"

我小学三年级时，有一天老师正在指导同学们如何重视口腔卫生，他问全班孩子："有谁知道正确的刷牙方式是什么？"当时我心想，刷牙谁不会啊？于是立刻就举手喊道："我会！我会！"

老师很高兴地请我起立发言，其实父母并没有特别教我如何正确刷牙，我所知道的刷牙方式无非是拿起牙刷在嘴里乱刷一通。于是，在我当场示范自己平时的刷牙方式时，老师大喝一声："不对！坐下！"这让我小小的心灵受到很大的伤害。

其实，老师可以用别的方式处理，比如说："孩子，你这样刷牙也没什么不好，但如果能用老师教的方法刷牙会更好！"大人可以用各种方法引导孩子，就是别用那种令孩子感到挫败的方式。

有位先生在开车时很喜欢把音乐开到最大声，然后跟自己的小孩一起大声唱歌，此时，太太就会在一旁冷言道："音乐关小声一点好不好！"当场泼了老公、小孩一大盆冷水，让两人深受打击，这其实无益于家庭的和谐。

我念中学时很流行辩论比赛，平时除了准备学习功课之外，班上也经常分成两队进行辩论比赛。记得有一次，我在一场辩论比赛中侃侃而谈，反应敏捷，结果我在学期末成绩单的老师评语栏里，看见导师给了我一个"辩才无碍"的评语。当时的我大受鼓舞，或许这跟我日后经常到世界各地演讲也有点关系吧！

给孩子足够的安全感

小孩很在乎大人的评语和鼓励，但过去的大人真的很不习惯鼓励孩子，因为他们也不懂得如何鼓励自己，加上忙于工作赚钱，或夫妻感情出了状况，往往会对孩子非常没有耐心。

曾经有位妈妈带着她的小孩到我的门诊来，并问我："许医师，你看我的孩子跟人家有什么不一样？"我仔细一看，孩子的睫毛不见了，左边的眉毛剩下一半，右边的眉毛几乎全拔光了。原来这个小孩会拔自己的眉毛，如今只剩半条稀疏的左眉了。拔眉毛也就罢了，居然连睫毛也不放过，全拔光了。孩子为什么会反常到拔自己的睫毛呢？

细细了解后我才知道这是她的第二次婚姻，我也很关心妈妈本身的情绪状态如何。这一追问，终于找到了原因，原来这位妈妈经常情绪不稳定，容易发脾气。孩子很担心爸爸妈妈离婚后会不要他，也担心妈妈会离家出走，才焦虑到拔自己的眉毛。

孩子如果没有安全感，也会出现多动、焦虑、经常哭闹的现象，不肯上学，拼命黏着父母，都是因为担心"失去"。对孩子而言，妈妈远比有没有交功课重要多了。

要激发孩子的潜能，首先要给孩子稳固的安全感。那么，如何才能给孩子安全感呢?

首先，夫妻间的婚姻关系必须要很稳固。如果你和配偶现在的婚姻状况不稳定，我会建议你们先不要生孩子，不要试图用生孩子来挽回对方的感情，因为不一定有用，反而可能让孩子成了受害者。应该要等到你和配偶的婚姻安稳，彼此的经济和心灵也都稳定了，再考虑生育的事。

其次，夫妻要有足够的时间陪伴孩子。准备怀孕前，请和配偶检视自己将来是否有足够的时间陪伴小孩。我治疗过不少多动症儿童，探讨其原因之后发现：这样的孩子多半出自双薪家庭，父母整天都很忙碌，尤其是妈妈特别辛苦，下了班还要做家务，甚至得侍奉年迈的公婆。因此，只要孩子一吵闹，妈妈就很容易发脾气，大人一发脾气，小孩心里就跟着发慌，学习成绩也随之下降，变得越来越焦虑。

老实说，当父母是最伟大的苦差事，不是结了婚、拥有生育能力就可以当父母。如果你对孩子没有耐心，又无法陪伴孩子，还是先别急着生小孩吧！要当好爸爸妈妈并不容易，也从来没人在生子之前受过相关的训练，生儿育女绝对是我们来到人世间最大的挑战之一。

负面思想会遗传吗?

当我们所处的环境愈加恶劣，亲子关系的经营、心灵的成长就愈加重要。身为父母的你，如果情绪不断受到影响而波动，很容易就把自己的负面思想与情绪传给孩子。

有一年，在香港上课时，我问同学们:“请各位仔细想想，你们究竟从父母身上继承了多少‘遗产’？”我所谓的“遗产”不是指车子、房子、钱财等，而是你遗传了父母多少不信任、负面思想、恐惧投射等等。为什么有些人长大后，老是觉得自己没有安全感，经常感到空虚孤独?这种负面的感觉，是否来自父母的精神遗传呢?

如果你觉察到了这一点，请回答我以下的另一个问题:“你是否将自己感受到的危险、不安、恐惧投射到了你的孩子身上?抑或你究竟投射了多少负面思想给孩子呢?搞得孩子还没长大，就开始担心自己将来会找不到工作，一生会穷困潦倒?”如果你已经觉察到这一点，就要赶快改变，重新投射信任、鼓励、肯定孩子的正面力量。

我也曾强调，如果你的孩子每一门功课都不怎么样，别只一味地责备他，应该对孩子这么说:“孩子，我相信你一定有某一科功课非常好，未来一定有一种适合你的职业。”事实上，这是将对未来充满希望的想法投射在孩子身上。

可惜很多父母却经常叨念孩子：“功课那么差，又不知道努力，将来一定没前途。别的孩子这个也会、那个也会，你什么都不会，将来怎么办啊？”这些行为不断将担心、焦虑等负面思想投射给孩子。有的父母更糟，一心希望孩子过得快乐，舍不得孩子承受压力，不让孩子学习各项才艺，又担心孩子比不上别人，一天到晚都活在左右为难之中。

其实，父母根本不用担心孩子比不上别人，只要先让孩子尝试个三四样才艺，挑选自己有兴趣的才艺学习，培育他朝自己感兴趣的方向前进，让孩子的心灵带着父母走就好。因为培养孩子的心灵潜能，并非以大人的角度去思考、引导孩子，而是要相信孩子的内在拥有神奇的力量。

不要怀疑孩子拥有的能力，我的一些演讲，就常发生“大人听不懂，而小孩却懂得”的情形。有不少人跟我反映：“许医师，好奇怪哦！每次我在听你的有声书，我都还没听懂，我家的小孩却在一旁说，许医师讲得有道理！”看来很多听有声书的是大人，受益的却是家里的小孩呢！由此看来，为人父母者，实在不必因为孩子而有那么多的担心、恐惧。

信心是开启内在潜能的钥匙

任何困难之所以会成为困难，在于一个人失去了信心。因此，我不禁要问：真的有那么困难吗？这些困难必定是发生在你失去信心之后吧？为什么有人创业会成功，有人却一败涂地？然而，你一定也曾觉得自己的人生里有某一段时间过得特别顺利，没有解决不了的问题或达不到的目标吧？

如果你有这样的疑问，不妨先回溯一下自己的人生路，困难之所以发生与存在，必定是因为你失去了信心；如此一来，再简单的事，在你眼中也是难如登天。过去能过着轻松顺心的日子，想必是你春风得意、充满信心之时。人一旦充满信心，就能一路过关斩将，人生过得如行云流水般顺畅。所以，一定要教会孩子：困难并非发生于外在世界，而是存在于内心世界。在人生的道路上，无论你学历有多高，无论你能力有多强，只要失去了信心，就什么事也做不成了。

我希望所有父母都能注意到，孩子最需要别人给予的就是信心。曾有一对父母带着儿子来看我的门诊，他们的儿子拥有美国大学的硕士学位，但回国后工作都做得不顺利，通常一家公司待几天就失望地辞职。听完他们的故事，我发现这个孩子工作不顺的最主要原因就是缺乏信心。

其实，每个人都蕴藏着无穷的潜能，也充满了各种可能性。所谓“人生如戏”，每个人都是来到人间的伟大演员，但如果你的孩子失去了自信心，这把开启潜能之钥就无用武之地了，所有潜能也就永远被冰封了。不要以为孩子的功课赢过别人、拿到博士学位，就算成功了，如果缺乏信心，孩子的人生路一样坎坷难行。

因此，启发孩子内在潜能的首要任务，便是让孩子对自己、对未来有信心。那么，要如何让孩子产生信心呢？最好的方法就是从你自身开始。身为父母的你，如果在现实生活里就是缺乏信心的人，没有勇气面对未来的生活，又如何将孩子教成一个充满自信的人呢？请先找到自己的信心，孩子自然也能信心满满。

信心犹如一个放大镜或缩小镜——只要你有了信心，再大的困难都能小如细沙；一旦失去了信心，再小的困难都能大如高山。我一直希望能提升人们的自信心，所以我很感谢我的父母，也很感谢我从小到大所受的教育，父母一直以支持鼓励的态度对待我，我受的教育也不断在栽培、维护我的自信心。孩子若能拥有父母的信任，那么即使跌倒了，也能再度爬起，遇到挫折也会设法克服，绝不会轻易放弃。

我还是个青少年时，就特别相信“天下无难事，只怕有心人”这类至理名言，即使到了现在，我依然保有这样的人生观。所以，我可以拍着胸脯向所有人说：一个人只要“有心”，任何困难都有克服的一天。

现在的孩子的学习机会，远比过去我们小时候多，却没有得到足够的鼓励，有时孩子学得越多，挫折感越重，几乎在极短时间内便失去了应有的童年欢笑，而且很快便发现自己比不上别人，渐渐就不想上学、考试、做功课。孩子从父母的眼中读到了失望，在这样的状况下，便逐渐失去了自信心。因此，如果你想启发孩子内在的潜能，只要给他源源不断的鼓励、称赞和自信心，同时改变自我，就可以了。

肯定、赞美与接纳

在谈自信心这个主题时，请各位先一起跟着我念三句话："我肯定我自己！我赞美我自己！我接纳我自己！"

是的，我肯定我自己、我赞美我自己、我接纳我自己，在孩子的成长过程当中，就是所谓的"信心教育"。

什么叫信心教育？就是在所有的教育过程当中，让孩子对自己有信心。这是非常重要的事情。有时我给一些校长和老师上课，他们常问："怎样才能当一个好老师？怎样才可以当一个好校长？"我便告诉他们："只要做到一件事，就是让孩子对自己有信心。"一个对自己有信心的孩子，他可能会失败，可能会受挫，但是他永远不会放弃自己。

并且，信心教育要从很小的时候开始训练。比如说，当孩子跑步得到第二名，你要跟他说："没有关系，你看我们才第一次参加比赛，就能够得到第二名，你很棒的！你可以越来越好，你要对自己有信心。"或者，当孩子某次考试考得不好时，你就要跟他说："也许这次是你的准备不够充分，也可能这次考的内容刚好不是你所擅长的，我相信你是最棒的！"

父母、老师随时要去检视这件事情：在孩子成长的过程当中，是否我们都能够令他对自己产生信心？特别是，你不要常常拿孩子跟其他的孩子做比较。如果你经常这样做，会让他渐渐产生自卑感。

有时我也不免感叹，我们中国人内在最大的问题，真的就是自卑感。以我自己为例，我个子不高，曾经也因此自卑，总是觉得漂亮的女生会喜欢身高一米八的人，而不是我。有一次看了电视上的综艺节目，有一个女生说：男生身高如果不到一米八，就算是失败者。当时我听了感觉很心酸，但果真要如此去看，这个世界的失败者还真多啊！

许多孩子在成长过程中可能会有自卑的地方，比如说长得不够高、总是被欺负；爸爸妈妈不够有钱，生活用品上不如其他孩子所用的东西好；在学校的表现并不优秀，长得并不可爱。在这样的成长历程中，经常就会累积很多的自卑感。

所以，父母、老师要多去观察孩子，可以问问他："孩子，你会不会觉得自己不够好？觉得自己比人家差劲？你会不会觉得对自己越来越没有信心？"然后，要让他知道："对自己越没信心，就会表现得越糟糕；相反，对自己越有信心，就会因为信心而产生力量、增加勇气，因此加强了自己的能力。"当孩子对自己产生了强大的信心时，未来在人生道路上不管遇到什么问题，他都能够勇敢地克服。

其实，亲子教育的过程不只是孩子在成长，大人也要跟着成长。如果遇到一个缺乏自信的孩子，往往我会问：是不是爸爸妈妈之中也有一位是缺乏自信心的呢？父母本身如果有非常多的自卑和不快乐，就要去面对自己的问题。为了让孩子有自信心，父母更要去面对自己内在自卑的地方，当父母愿意且能够面对自己内心的害怕和恐慌时，才能够真正带给孩子自信心。

事实上，会害怕是正常的、自然的，只要是人就会有害怕的事。在自信心的教育过程中，我们要告诉自己：失败了没有关系，再来一次；跌倒了没有关系，再爬起来。一个人只要没有放弃自己，就永远有机会。父母、老师更要经常抓住孩子表现好的地方，抓准机会称赞他、鼓励他。还记得我们的三句话吗？“我肯定我自己，我赞美我自己，我接纳我自己。”各位要常用这三句话来增加对自己的信心，这样每一个大人和孩子都可以自信满满！

表达是安全的，表达是重要的

有人说，儿童教育就犹如捏陶土一样，在孩子年纪小的时候，我们可以按照各种方式去捏塑他；等到年纪大了，这块陶土就越来越硬，这时也就越来越没有办法塑造他了。在孩子表达力的训练方面，确实是如此。

各位可以去观察一个现象，同样是中国的孩子，有的在表达上畏首畏尾，有的表达能力就特别强。比如，有的孩子，如果学习遇到什么地方不懂，他会觉得一定是自己没学好，因为老师一样的教法，其他孩子都学会了，怎么只有我还不会？所以遇到不懂之处，这类孩子往往不敢举手。一是怕举手问问题会被批评；二是担心其他孩子会用异样的眼光看他、笑他；三是怕问了问题之后，老师可能不回答他，这样会没有面子。而善于表达的孩子就不一样了，如果什么地方不会，他会觉得是老师没有把我教好，因为把我教会是老师的责任。

这是一个很重要的问题，建议不善于表达的孩子，要试着改变心态：当你不会的时候，不一定是你没有学好，是爸爸妈妈和老师还没有把你教会；你要相信，把你教会就是他们的责任。改变心态以后，你才会勇于表达。

以前中国人常讲一句俗话，小孩子只有耳朵，没有嘴巴。大人总是希望小孩子大部分是多听，听大人的教训、听大人的教导，尽量不要表达意见。这也是不对的观念。

表达力是非常重要的一项能力，在孩子的表达力训练上，要从小就开始做起。比如幼儿园的老师便可以在上课时鼓励孩子发表看法、表达感受。老师们也可以在讲完一个故事时，邀请孩子们表达自己的意见。这样你会发现，孩子原来是愿意并能够表达自己的想法的。

鼓励孩子表达时要特别注意，大人一定要有开放的心态。有很多父母、老师都喜欢讲自以为是的道理，可这样对孩子不一定有帮助，有时还会打压他，比如，跟孩子说“你讲得不对，这样会让人家看笑话”“你的观念错了”等等。事实上，孩子是很敏感的，可能被你指责之后，他下次就不敢说了。

假设孩子有说谎等其他不好的行为，即便我们知道这个行为是不对的，但也应该想一想，孩子为什么要说谎呢？非常可能的是他认为说了实话，反而会受到责备。这时，我们要告诉他以后尽量不要说谎，但是也要让孩子“说实话”这个行为得到肯定，不要一味地责备他。

在表达力的训练中，表达“感受”尤其重要，因为我们中国人最会压抑感受了。我们都曾羡慕影片中的外国孩子，在睡觉之前都会跟爸爸妈妈说“我爱你们”，父母也会在出门时跟孩子说“我爱你”，甚至会吻别。我觉得这是一个很好的观念和做法。

我曾看过一部电影，里面的孩子才小学四年级，有一次他在家里很伤心、很难过，然后爸爸就对他说：“你为什么这么伤心难过？”原来这个孩子的妈妈才过世不久，爸爸想要安慰他，没想到孩子却说：“爸爸，我知道我是不应该的，妈妈才过世不久，可是我的难过其实不是因为妈妈过世，妈妈过世我也很难过，但主要是因为我最近失恋了。”

看到这里我就在想，这个孩子如果遇到不开明的父亲，他大概就会挨骂了！第一，孩子才读小学四年级，怎么可以谈恋爱呢？第二，孩子妈妈才过世几个月，孩子竟然不是在想念妈妈，而是在为失恋难过，实在是不应该。

可是各位猜猜这个爸爸怎么说？我觉得这个爸爸很棒，带孩子在河边散步时，他就跟孩子说：“我明白第一次失恋的心情，爸爸第一次失恋时也哭了很久……”这个爸爸不但完全没有去责备他，并且还跟孩子谈“他的感觉”；当孩子一个人关在房间里伤心难过时，他也不会去打扰，只是告诉孩子：“爸爸知道你现在很难过，如果你需要我的帮忙或安慰，你可以告诉我，爸爸会陪在你的身边。”

能够以这样的开放、宽容心态，让孩子愿意去表达他的想法，让孩子放心说出他的感受，这是很重要的。而且我们要让孩子明白：表达是安全的，表达是重要的，表达就是一种生命的展现，就像任何一朵玫瑰花都渴望开得最灿烂、最美丽一样。

让孩子勇敢迈出第一步

古人云“知难行易”，也有人说“知易行难”，又有人说要“知行合一”；不管是哪种说法，全都说明了行动力的重要性。

各位是否有过这样的经历，你想打电话约一位喜欢的男生或女生出游、看电影，你想了好多问题：他在不在家？手机有没有电？他会不会拒绝我？万一他在忙怎么办？……好，当你已经想了那么多，这时候最重要的也许就是拿起手机给这个人拨个电话。

在生活当中，很多人喜欢胡思乱想——尤其喜欢负面思考——因为想太多，于是把所有的困难都想出来了。我经常跟学生说，其实人的所有困难和不快乐，可能都是想出来的。特别是喜欢胡思乱想、担忧、烦恼的人，想的再多，都不如采取行动来得简单又有用。

所以，我们要教育孩子：大胆假设、小心求证，经过再三评估，然后就去行动。比如在学校里面，很多孩子都喜欢实验课，因为可以自己动手；在家庭互动中，妈妈也可以邀请孩子一起做家务，一边聊天，一边劳动，把家务变成一项快乐的家庭活动。父母、老师便可以如此带领孩子在生活里面学习如何采取行动，在行动的过程当中学习成长。

又比如在人与人的沟通方面，有时人与人之间的相处，我们会在心里一直猜测对方的心意，猜他为什么不理我、他今天为什么对我没有好脸色、他看到我为什么没跟我打招呼……常常我们都在心里面不断担心、揣测，此时，最佳的方式或许就是走过去，明白地问他：为什么你今天对我特别不友善？可能对方就会告诉你，其实你误会了，我只是遇到了一些烦心事而已。

许多父母遇到问题都不敢直接跟孩子谈，好像怕他会生气、难过，还会担心两个人到时会不好对话。建议大家，不论是亲子问题还是一般的人际交往，尽可能直接沟通，因为直接沟通就是采取行动——行动才是最有力量的，如果能够做到"贯彻到底"就更好了。

举个例子，以前有两个和尚，一个富、一个穷，他们俩都有一个理想，就是到南海去拜观音。然后，富和尚心里想：哎呀，要到南海这么遥远的地方，我还是多存一点钱，等准备充分后再上路吧！而穷和尚心里想：反正我也没有多少钱，再存也存不了多少，不如先上路再说，一路化缘、寄宿，一路想办法，一定能够到达南海。三年过后，穷和尚已经拜完南海观音菩萨回来了，而富和尚还在原地存钱呢！

许多事情想太多反而没有用。打个比喻，就像有一道门，你在门的后面去猜测：门的另一边有什么啊？等一下会遭遇什么？会发生什么困难？到最后，你可能只在那里空想，与其空想，不如踏出那一步！踏出那一步之后，你就会知道门后面有什么了！

当然，我们也不要鲁莽行动，并且更要贯彻行动力。换言之，所谓的行动力，其实包含了执行与贯彻，一件事情你说到了，就要把它执行到位，如果执行不到位，就要问问困难在哪里。不少孩子做事经常是三分钟热度，一会儿就没耐心了，所以，父母、老师要经常跟他们强调行动和落实的重要性，让其了解——凡事脚踏实地去做，踏出了第一步，就有第二步，踏出了第三步，第一百步也就指日可待了。正所谓万丈高楼平地起，愚公移山也是从第一铲开始的。

各位大人朋友，就从我们自己开始吧，贯彻行动力，让每个孩子都成为脚踏实地、行动力超强的“小超人”！

爱的互助合作

常听到有人说出一个相似的感触，感觉现在的社会似乎人人都在竞争。老实说，社会进步了，文明发展了，可的确也出现了一点小小的遗憾，就是人好像变得比较自私自利。套句俗话：“各人自扫门前雪，莫管他人瓦上霜。”

事实上，新时代文明的人类应该是彼此互助合作的，这是我们每个人内在就有的利他性本能。所以，我们不仅希望孩子快乐、健康、勇敢，同时也希望他同时能是一个利他主义者。

所谓利他主义者，即不损己利人，也不损人利己，我们鼓励利己、利人、利于社会、利于大众、利于国家、利于世界。可是在教育上，大人常常过度重视孩子的成绩，以致孩子关注的事情渐渐局限在自己的范围内，不去关心别人，也不去了解别人，只在意自己的成绩和表现了。

举一个我自己的例子与各位分享。我从小就很喜欢帮助他人，到了中学，因为我的成绩比较好，如果老师临时不在，我就会带领同学们读书、纠正试卷，有时也会主动帮同学复习功课。我总觉得自己学会了，又能够把所学教给别人，是一件开心的事情。这样的个性，到现在都没有改变，我现在也经常把自己的心得、经验跟所有同行、学生分享。

我告诉各位一个很真实的概念——分享越多，自己拥有的也会更多。从一个心胸开阔、乐于帮助他人的孩子一路到今天，我可以非常肯定地说：你越帮助别人，别人就越帮助你。

因为我常帮助同学复习功课、完成作业，所以同学们都非常喜欢我，当我遇到困难或偶尔有人欺负我时，他们都会来帮助我、保护我。总之，这就是一个爱的互助合作。

那么请问各位，你希望活在一个人人等着要陷害你、扯你后腿的自私自利的社会，还是希望可以在家靠父母、出门靠朋友，生活中能够遇到很多贵人愿意时时助你一臂之力呢？

我提出的问题，是一个非常重要也非常棒的学习与教育历程。比如说，在教育孩子时，我会问他："请问你今天做了几件帮助别人或让别人开心的事？"孩子可能会说："我跟开车送我上学的司机师傅说谢谢了！老师收作业时忙不过来，我就帮了老师的忙！"……这时候，不管你是父母还是老师，都要对他说："你好棒啊！"

此外，我们还可以像玩游戏一样自由联想发问："是否你今天说了一句称赞别人的话呢？今天有没有笑容满面？今天有没有其他孩子来帮助你？今天老师有没有称赞你？"教育的理念就在于说出孩子的优点，如果孩子功课不好、表现不好，那么你更要去称赞他的优点，因为优点多了，缺点自然就相对少了。

在人生的道路上，要思考如何去加强正面的力量，帮助别人就是在加强正面的力量，它的好处实在太多了。有一次我的车子在路上抛锚，当时我正要赶去医院上班，心里很着急。后来，一辆出租车开过来，我向他招手将车拦下。

结果，这位出租车师傅一看到我就说："你这个人很面熟，是不是在哪家医院看见过你啊？"我回答说："是。"他就说："对了，我的孩子住院时，你就是他的主治医生吧！"我说"对"，然后赶快在脑袋里面回想，自己当时是否很好地对待过他的孩子，是否尽心尽力地鼓励过他的孩子？一回想，发现在那次诊治当中，我做得还不错呢！那次我就发现，所有你给人家的帮助，都会回到你自己身上，因为这位师傅免费送我去上班了。

我再强调一次，也把这句很重要的话送给各位——凡所有给出去的，都会回到自己的身上。要教会孩子能够给出爱、给出帮助、给出关心，如此一来，他就会得到别人的帮助、关心，得到很多的爱哦！这样一个爱的互助合作，会让整个社会都充满了爱的能量、爱的活力。

正因孩子极擅长察言观色，大人给的暗示很快就会转成孩子的生理现象。如果你希望大人孩子都健康，首先你的观念一定要健康，不要给孩子负面的暗示。

第九章 我家小孩很敏感

健康感是送给孩子最好的礼物

最近几年，孩子生活中出现的问题越来越多，尤其是在疾病方面。比如常见于儿童群体的三大过敏性疾病——气喘、异位性皮肤炎、过敏性鼻炎，让很多父母开始担心了。这里我们就来谈一谈健康感，谈一谈如何加强孩子跟父母的自觉的健康感。

首先，父母和老师要运用正面的暗示、引导来加强孩子的健康，而不要暗示负面的健康。什么叫暗示负面的健康呢？就是许多大人常告诉孩子"你穿这么少会生病、会得流感"，"手洗不干净，等一下病毒就让你生病了"，"你生病了就会发烧，发烧就会死掉，死掉就会到天上去"，等等，诸如此类的负面暗示，请尽量不要说。

我有一个学生，他上了我的课之后说："许医师，我终于明白我的小孩为什么一天到晚生病了，因为我给他取了一个外号——'卫生纸'。"我就问他，为什么给自己的小孩取这个外号呢？他说："许医师，你不晓得，我这个小孩手一碰到冷水就打喷嚏，碰到毛绒玩具就气喘，衣服穿少一点就感冒，他的身体真的很弱啊！所以，我们的亲朋好友就叫他'卫生纸'了。"我告诉他："因为你一直叫他'卫生纸'，他就把自己当成卫生纸，身体也真的就跟卫生纸一样柔弱了。”大家知道卫生纸——风一吹就破、沾了水就破，卫生纸般的身体当然就不会好。因为儿童的创造能力很强，而且身体会听大脑说的话，这个“卫生纸”的负面暗示于是对身体健康就产生了不好的影响。

所以，在孩子稍微感冒或发烧时，你就要告诉他：“你天生就是健康的，你的身体很棒。现在生病只是暂时的，很快就会好了，你会越来越健康的。”可是大多数父母通常会很紧张，孩子一有个风吹草动，父母就认为孩子又要上医院了，又要吃药了……父母一紧张，孩子就更紧张；当父母投射很多负面的担心给孩子，孩子生病的情况也会越来越严重。

记得我小时候也常会感冒、发烧，而且非常有趣的是，好几次感冒、发烧都是发生在考试前。这是因为我在每次考试之前都会很紧张，想着万一考不好怎么办，担心会被老师和父母骂。

当人在过度紧张和担心自己做不好时，就会生病。很多孩子之所以生病，就是因为害怕被父母责备。许多专家指出，孩子生病是想要告诉爸爸妈妈：你们不要给我那么大的压力，我有很大的压力啊！他常常通过生病来放下压力，借以希望父母给他更多的爱、关心和陪伴。

现在的父母都非常忙碌，当孩子需要父母时，父母也只能跟他说：“你自己要坚强啊！你要独立，你要自己一个人睡觉……”可是，孩子毕竟还是孩子，他真的需要父母的陪伴。所谓陪伴，不是守着他做功课，也不见得是要教他做什么，只是在身边搂搂他的肩膀、摸摸他的头，用一种鼓励和温柔的眼神看着他。得到这样的陪伴、称赞与鼓励时，孩子的健康感便会增加。

有三句很重要的话，请父母经常告诉自己的小孩——

一是："孩子，你的身体天生就是健康的，你天生就很棒，身体本来就很棒。"如此不断地给孩子做正面暗示。

二是："孩子，身体有很棒的自我恢复力、自我疗愈力。当你不舒服或是生病了，你的身体会把自己治好，因为每个人都有很棒的免疫力。"以此经常加强他对身体健康的信心。

三是："孩子，如果你有什么不开心或遇到了压力，可以把它说出来，不见得要用生病的方式来得到爸妈的在乎和重视。"通过这种方式鼓励孩子遇事主动与父母沟通。

当我们知道如何去加强孩子对健康的信心，孩子就会越来越健康、越来越有活力，也会越来越快乐了。只要在心灵上下功夫，去除内在的冲突与障碍，身体就会启动自我疗愈力，回到人本来就有的健康状态。

我们也可以寓教于乐，通过游戏的方式有技巧地灌输给孩子正面的信念，启动孩子身体的防御系统。我曾经跟一个小孩玩过"神奇药丸"的游戏。我先假装自己手上有一颗名叫"神奇药丸"的糖果，然后跟那个小孩说："只要把这颗神奇药丸吃下去，就不怕感冒病毒了！"让孩子因为有神奇药丸在身，去除对病毒的恐惧，进而信任自己的身体，那么感冒病毒就近不了他的身。各位父母可以如此效法，想出更多方法增加孩子的健康感。

不要替孩子贴上疾病的标签

孩子是很擅长察言观色的，他能懂得大人的喜怒哀乐，大人的任何思想言行都可能会被孩子吸收，所以孩子通常受父母的影响很深，生病亦是如此。

你可能见过以下情况。妈妈带小孩去看医生，诊断后医生跟妈妈说："这孩子可能有过敏体质，你和先生是过敏体质吗？有没有气喘、异位性皮肤炎、过敏性鼻炎、慢性鼻炎什么的？"妈妈想了一下，说："我和孩子的爸爸好像都是过敏体质。"于是，医生便说："那就对了！孩子遗传了你们的过敏体质，所以他也是过敏体质。"妈妈听了回头跟孩子说："宝贝，你是过敏体质哦！"孩子点头表示知道了，从此以后，就接受了这个暗示，真的成了过敏体质。

一旦你帮孩子贴上某种疾病的标签，这个疾病就会跟着孩子一辈子了。孩子的潜意识不深，可以一下子就从意识直达潜意识，所以大人要小心自己说的每一句话，因为大人说的任何话都会进入孩子的意识，随着孩子逐渐长大，这些话就会成为他潜意识的一部分。

许多成人在生活中并没有遭到任何挫折，却老是怏怏不乐，莫名地感到沮丧，并且充满负面思考。当精神分析师告诉他，可能是你的潜意识里有许多负面的信念和感受。他对此百思不得其解：“奇怪，我一路走来都很顺利，没什么不快乐的，怎么会有负面信念产生？”很有可能当他还是个孩子时，从父母那里接收了许多负面的思想和信念。

或许你也有过这样的经历：你不小心打了个喷嚏，在平常的季节里，可能只会考虑是因为鼻腔温度变化或有灰尘，但如果刚好看到新闻报道流行性感冒的季节即将来临，加上周围的家人、朋友不断提醒你，此时这个喷嚏一打，你会马上启动大脑里的感冒方程式，让自己开始觉得身体不舒服，接着根据“信念蓝图”，加上丰富的想象力，这个喷嚏很快就变成感冒了。就拿我自己来说，只要周围温度一变，就可以连续打一二十个喷嚏，但我并没有感冒，也没有过敏。而你的孩子只是打个喷嚏，你的紧张却加强了他感冒的信念，于是他就真的感冒了。

曾经有个妈妈带孩子来就诊，她很烦恼孩子经常说谎：“她在跟其他孩子玩的时候，常会跟人家说，我大哥如何如何、我二姐如何如何、我小妹如何如何，还替这些兄弟姐妹都取了名字，但她明明就是独生女啊！”我告诉这个妈妈：“就想象力而言，她没有说谎，因为她是独生女，很孤单，所以创造出很多兄弟姐妹。不仅将他们创造出来，还赋予不同的名字和个性，可见她的创造力惊人。”

正因孩子的察言观色能力很强，大人给的暗示很快就会转成孩子的生理现象。如果你希望大人小孩都健康，首先你的观念一定要健康，不要给孩子负面的暗示。有个孩子感冒时引发了气喘，后来他妈妈会不时提醒他：“千万不要感冒了，你还记得上次感冒时气喘发作的事吗？”

孩子都忘了，为什么要提醒他？没想到这个妈妈又补了一句："如果这种气喘又出现的话，要赶紧告诉妈妈哦！"于是孩子开始专注于气喘的发生，好跟妈妈报告，同时也染上"感冒一定引发气喘"的不良信念习惯。

我常跟学生做一个练习："请大家闭起眼睛，脑袋里千万不要想象红色的苹果。"此时，所有学生脑子里想的都是红色的苹果。许多父母的教养方式是：通过经验的复述，提醒孩子不要重蹈覆辙。但疾病经常在跟我们玩心灵的游戏，我们似乎总是能得到自己预期的结果。

当一个孩子被医生贴上了多病体质的标签，这个医学名词就进入了小孩的潜意识。其实，孩子的过敏体质是可以不被发动的，然而一旦贴上标签、受了暗示，孩子就终生为疾病所扰，不时就要"复习"一下气喘、过敏等毛病。因此，要改善儿童多病或敏感体质，首要任务就是去标签化。如果你的孩子生病了，不必太担心，只要坦然面对好好处理，单纯地当它是一个疾病事件即可。

孩子会通过生病来获得爱与陪伴

其实，每个孩子生病的背后都有一个理由，尤其当孩子还很弱势时，特别容易用生病来索讨他想要的东西，譬如父母的陪伴。所以，父母因应孩子生病行为表达的关心，有时反而会助长孩子的病情，因为孩子发现：生病可以让父母放下手边的工作，24 小时随侍在侧，即使做错事也可以免予责罚，孩子就会因此“病上瘾”。

面对病中的孩子，父母往往只看到了孩子生病的行为，从而加强对他的照顾，而不去了解孩子生病的缘由。举例来说，孩子上幼儿园或小学了，每天苦着脸上学去，或者拼命抵抗、不想上学，直到他发现生病可以不用上学，便在他的潜意识里种下了生病的因。

有一天，他真的发烧了，发现父母开始紧张了，妈妈不但带他去看医生，还请假在家陪他，他也可以不用去上学，还可以享用爸爸妈妈买的很多补偿自己的零食、玩具，那一刻，孩子得到了所有的爱、温柔、陪伴。

如果这是一个心理健康的孩子，病个一两天就没事了。但如果这是个不喜欢上学的孩子，可能在课业上有困难、在班上交不到朋友、得不到老师的善待，当他发现自己一生病，周围人的态度就有了180度大转变时，聪明的他就会常常用生病换取他想要的东西，从此以后就成了一个多病的孩子。

人的深层意识负责创造，表层意识负责感知。表层意识得知自己生病了，觉得慌乱焦虑，到处求助名医良方；负责创造的深层意识则直接联结了人体的免疫系统、自律神经系统、荷尔蒙的分泌，以及大脑神经传导物质。因此，进入病人的深层意识，找出病人让自己生病的原因非常必要。

儿童的深层意识不像成人那么复杂，比较容易操作，所以儿童“命令”自己生病的能力很强。遇到这样的孩子，做父母的首先要依然爱他，其次是找出他生病的真正原因，了解孩子背后的困难是什么。有时候，生病是孩子的一种替代行为，以逃避他应承担的责任，父母虽然不能放纵孩子一直逃避下去，但也不能硬逼着孩子去面对，而应积极帮助孩子解决环境适应上的困难。

可以采取的解决之道是：跟老师好好说明，请老师多关心鼓励孩子；和孩子进行沟通，给孩子更多的信心；鼓励孩子交朋友，建立人际网络，让孩子不再视上学为畏途，孩子就会越来越健康，不再体弱多病。

有个事业成功、家财万贯的商人，成天都在烦恼、计算要留给哪个孩子多少钱。我告诉他：“你应该享受自己奋斗的成果，而不是把成果全留给孩子。如果你舍不得孩子受苦，那他就会一辈子吃苦。请你也让孩子享受他自己奋斗的成果，这才是对孩子真正的爱。”

某些孩子的多病的确和环境适应不良有关，通常这样的孩子一生病，父母不问缘由，马上就送医打针吃药，这种解决问题的方式无形中助长了孩子的体弱多病。有的父母却因此过度焦虑，他们一心保护孩子，甚至溺爱孩子，让孩子失去吃苦和学习的机会，削弱了自身的竞争力，这也是导致孩子体弱多病的原因。

我曾在《用心医病》一书中说："真正要改变的，是过敏性人格，而非过敏性体质。"当你发现孩子体弱多病时，以下几个诊断准则可以帮你找出原因：

(1) 你家里是否一天到晚争吵不休？或在孩子面前都不吵架，内心却暗潮汹涌？你和配偶的婚姻是否有问题，而让孩子没有安全感？

(2) 你家是否有隔代教养的问题？祖父母和父母在孩子的教育上是否有歧见，而让孩子无所适从？

(3) 你的孩子喜欢上学吗？孩子有校园生活适应不良的问题吗？他在独立和依赖之间是否无法取得平衡？

(4) 你是否有亲子沟通问题，导致亲子间经常发生冲突？你的孩子是否在抗拒父母的管教方式？

(5) 你自己是不是一个不快乐的父母，经常处于忧郁、烦恼、无力感的痛苦中，或者时时在担心孩子的功课及身体健康？

你的孩子处于以上五种状况中吗？如果答案是肯定的，就要请你为孩子的体弱多病负起责任，用更多的爱与包容，陪孩子走过这一段。

做好心理疏导，找出生病的内在原因

我们身边经常发生这样的情况：孩子在诉说感受时，父母会马上泼冷水，再不就是拿大道理来教训孩子，导致孩子从此不再跟父母谈心事，而把感受闷在心里，导致最后闷出病来。

人在情感上的压抑会产生阻塞，阻塞就形成一种负面的能量。如果没有适时表达或宣泄，很容易转成情绪毒素，这时候就要靠身体的发烧来蒸发掉情绪毒素，所以有时发烧是身体在清除情绪垃圾，不必太担心。而有些孩子经常感冒、咳嗽、发烧、流鼻涕，是因为他的情感、创造力没有出口，他的感受没有被了解，这时候亲子沟通就显得十分重要了。

很多亲子沟通是感觉上的沟通，而非事实的诉说，虽然感觉的本身没有对错，但还是要小心别只用感觉来对待孩子。譬如父亲感觉孩子的选择有错，就以“孩子懂什么”的姿态，强迫孩子改变决定。父母在教育小孩的过程中，应该经常鼓励、引导孩子把自己的感受说出来，不要急着讲道理，耐心听孩子说完，才能真正了解孩子在想什么。

当孩子把自己的感受说出来，亲子间的爱才会开始流动。为什么很多家庭的爱都无法流动，只剩冷漠、伤害，就是因为这个家庭有太多的感受没有表达。当这些感受无法宣泄，就表示有人要因此生病了。

孩子其实也很聪明，当他发现父母对自己表达的感受是有选择性的，会开始挑父母可以接受的话说，这时亲子隔阂就开始了。所以做了父母的人，请先抛开是非对错，耐心倾听孩子的心声，即便是对父母的失望、愤怒、埋怨，也不必伤心或动怒，唯有如此，才能开始真正的沟通，才能治好孩子身上的顽疾。

有许多个案显示，家庭气氛不好，父母濒临离婚边缘，整天吵闹不休，孩子在学校又有适应不良的问题，这些情况让孩子不知如何是好，由于说不出痛苦的感受，只好用生病来表达。因此，无论是幼儿还是青少年，如果孩子经常生病，父母就要去了解孩子内心究竟藏了多少压抑和痛苦的感受。了解孩子的感受，并且接纳他的感受，引导他勇敢说出来，这是父母要学习的功课。

许多孩子的气喘跟生活环境中的过敏原无关，而是家里的气氛及无形的压力让他喘不过气来，甚至有些成人的气喘也是工作压力导致的。异位性皮肤病则和环境适应有关，可能是因为孩子很敏感、又觉得自己被同学排挤等情况而出现相关状况，父母应该试着找出原因，协助孩子适应环境。

在孩子的人格养成期，如果身边的人都很爱他、接纳他，长大之后，孩子会很有安全感。但如果孩子被人排挤，老师、同学不喜欢他，长大之后，可能就一直觉得自己很差劲，做什么事都缺乏自信。父母应该认清一个事实：成绩只在其次，培养孩子的自信心，让孩子拥有完整的人格和健康的心理，才是最重要的。

注意力不集中的多动儿也很让父母伤脑筋，然而，医学上真正认定的多动儿少之又少。许多目前在治疗中的多动儿，都不是真正的多动儿，甚至 80% 以上是不需要服药的，他们的症状其实是与教育以及被对待的方式有关。当孩子慢慢长大，父母会希望孩子把注意力放在课业上，如果还没培养出孩子对课业的兴趣，无法专注于父母要求的学业，又不被允许做自己想做的事，就会变得坐立不安、特别好动，成了医学上所谓“注意力不集中”的多动儿。

父母应该先找出孩子感兴趣的事物，利用它来训练孩子集中注意力。等到孩子开始集中注意力了，再慢慢将他的注意力转移到该学的事物上，如此孩子才不会老是坐立不安。通过这样的引导，不必吃药就能改善孩子多动的行为。

附 录

许医师亲子聊天室

（一）

问：父母常为了孩子的事一再吵架，怎么办？

答：拜托，都生小孩了，麻烦当成熟一点的大人。不建议父母在孩子面前吵架、打架，孩子多小都不行，这是大人必须尊重孩子的地方。此外，关于教养的态度和方法，父母必须先沟通、协调，取得共识及默契，而非一个管教孩子时，另一个不同意、扯后腿。也有的父母，最终的局面是只有妈妈负责教育孩子，爸爸则完全沉默，因为一插手就吵架，这种放弃态度也是不对的。

问：父母的个性太急，是否也会影响孩子的心理健康？

答：是的！现代父母的生活忙碌，什么都在赶赶赶，又因为社会竞争激烈，陪伴孩子的时间就往往不够多。于是，好像永远在急，在催促小孩："快点！快点！时间来不及了！"父母的个性越急，孩子的学习速度反而越慢，也就越缺乏自信心。父母教育孩子时千万不要急，一定要有耐心和爱心，还要有信心，这样孩子的未来才会更好。

问：孩子心里的话都不说出来，我们越来越不了解他了，怎么办？

答：现代父母经常遇到这类问题，当孩子渐渐长大时，就不和父母沟通了，父母不了解孩子的内心和行为，只能干着急。首先，孩子不和你沟通，是因为你太会说教、太会讲道理了，你总是告诉他要这样要那样，给了他太多的压力。他觉得你太啰嗦了，所以不想跟你讲话。建议各位父母学会做孩子的朋友，用倾听的方式取代说教的方式，孩子就会慢慢靠近你了。

问：孩子的个性很内向，不爱说话，我要如何帮助他？

答：你先看看你的另一半，是否他的个性很内向，没有朋友，且不爱说话？说实话，孩子的个性有时受父母遗传基因和性格的影响，如果你想改变你的小孩，我建议从大人开始改变比较快，也比较实际。大人要先改变自己，然后改善家庭气氛，令气氛轻松、幽默、和乐，这样孩子的个性也会变得较为活泼、外向。

问：我发现孩子很不快乐，应如何帮助他？

答：不快乐的孩子通常来自不快乐的家庭、不快乐的父母。如果你发现自己的孩子很不快乐，当然要跟他好好谈一谈，到底为何不快乐，在烦恼些什么，是否有压力或不开心的事。是否功课压力太大了，或在学校一直交不到朋友，觉得很自卑？你能立刻就做的是改善家庭的氛围，令自己和另一半动起来，活泼起来，自己变得快乐，孩子也会受到父母快乐情绪的感染。

问：孩子的活动力太强，太有好奇心了，什么都要碰，我该怎么办？

答：孩子活动力强，也许未来会是个运动选手或企业家；好奇心重，也许未来会是个科学家、发明家也说不定。首先，以不让孩子受到伤害为前提，尽可能用引导的方式带出孩子的创造力，而非用规定或限制的方式。此外，父母也要从孩子身上学习，是否自己这一身的老骨头也该动一动了，头脑也该灵活一些了？

（二）

问： 小孩上学前经常哭闹，怎么办？

答： 这是一种先天气质的表现，是不安全感、分离焦虑的体现。父母要先检讨，是否平时陪伴孩子玩耍的时间、倾听孩子说话的时间不够，令孩子内心缺乏安全感，以致踏不出家门。其次，父母要了解，孩子是否出现了环境适应障碍，害怕老师的教学态度，或被同学欺负了。父母一定要找出孩子哭闹的原因并增加自己的耐心，不要一味地逼小孩上学，否则可能会导致不良的后果。

问： 父母感情不好，正准备离婚，应如何安抚孩子的情绪？

答： 这是一个好问题，首先要告诉孩子，不是因为他不乖、他犯错了，父母才吵架、离婚，这是大人的事，与孩子无关；其次，要再三地强调爸爸妈妈爱他，如果有一天爸爸妈妈离婚了，爸爸还是爸爸，妈妈还是妈妈，这是不会变的，也都一样地爱他。这种时刻，要经常关心孩子，不要因为大人的吵架、情绪不好而影响到小孩。

问： 孩子在学校出现攻击人的暴力行为，我该怎么办？

答： 孩子的暴力行为通常来自问题家庭。比如，这个孩子是否在家也经常被父母打，压抑了负面情绪，所以到学校打同学？孩子是否生活在一个暴力家庭，爸爸会动手打妈妈，于是孩子生起仿效行为，到学校也打同学？孩子的暴力行为是不是他的一种自我保护、自我防卫，因为他内心有痛苦或害怕被欺负？这都是我们要细心探讨的。

问：我担心孩子太早熟，发现他上色情网站，怎么办?

答：现代社会信息发达，孩子容易接触到色情信息，比如色情书刊、色情网站、色情图片。因此，父母平时就要多注意孩子，也要留意孩子的身体发育，是否开始有了性成熟的迹象，是否开始对性、对异性有了好奇心。此时，父母就要提早进行性教育。与其让孩子被一些乱七八糟的信息吸引，不如引导孩子建立健康的性观念和两性交往的正确认识。

问：我的孩子动不动就发脾气，我该怎么办?

答：治水是要靠疏导而非围堵，同样的道理，当孩子爱发脾气时，你不能过度地容忍、溺爱、顺从，只要他一发脾气、哭闹，就什么都给他、顺着他，这会宠坏他；你也不能拼命地压抑他，只要他一发脾气就不理他、批评他或骂回去。反之，你要先问问自己孩子为什么发脾气。方法是先令自己不恐惧、不慌乱，然后再同理他、了解他、慢慢和他说，找到一个双方都能接受的解决方案，孩子才会破涕为笑。

问：孩子碗里的饭老是吃不完，我该逼他吃完吗?

答：不应该。我们提倡的健康饮食观是少量多餐，因此，不要逼孩子一定要吃到十分饱，若等一下肚子饿了，再吃点心就好了。少量多餐可以增加孩子的专注力及学习力，而且不会增加肠胃的负担。甚至大人也应该改变暴饮暴食的习惯，都改成少量多餐，这样可以预防、减少慢性病的产生。

（三）

问：孩子喜欢吃垃圾食品怎么办？

答：先检讨大人本身是否也饮食习惯不正常、爱吃零食，如果父母有良好的饮食习惯，孩子就不会一肚子饿就马上吵着吃垃圾食物了。此外，每个月吃一两次所谓的垃圾食物（速食、汉堡、薯条等）是可容许的范围，父母也不用太过于紧张，认为这会对孩子的健康不利。

问：孩子饮食不均衡，不喜欢吃青菜，怎么办？

答：这当然要考验父母的耐心和智慧了，硬逼他好像又不是办法。首先，当然是找出孩子爱吃的那一类青菜了；其次，烹调的方式也很重要，有些烹调方式会令孩子对青菜胃口大开，比如烧烤之类的方式；再次，如果全家吃饭时都是心情愉快、开开心心，而不是气氛紧张、大呼小叫，那样大人和小孩都会有好胃口的！

问：孩子吃饭总是拖拖拉拉的，怎么办？

答：因为吃饭对孩子而言是一种玩耍、一种乐趣，因此，他不会像大人一样赶快吃完去工作。在合理的范围内，父母不要太过催促孩子用餐，否则孩子容易得消化性溃疡、胃食道逆流等肠胃道疾病。若孩子实在吃得太慢，边吃边玩，父母可以技巧性地引导他，用“吃这么慢，等一下妈妈要去工作了，你要自己洗碗”之类的方式来教育小孩。

问：孩子几岁可以自己一个人睡?

答：这个问题因人而异，有的小孩很小就独立，喜欢自己一个人睡；有的小孩则依赖性较重，没安全感，喜欢和父母一起睡。但一般而言，当孩子开始上幼儿园，就可以考虑一个人睡了，此时父母可以先陪伴到他睡着，再回自己房间。还有，不建议孩子长大了还睡在父母中间，这样会影响父母的感情及亲密关系。

问：我们做父母的人，以前可能会使用A方式对待孩子，但在了解您所讲的理念后，可能改用B方式来跟孩子相处，但父母该如何拿捏轻重，能做到放下而非放弃?

答：对我而言，任何事情都没有一个表象的标准。我认为生命思考范围应更具弹性，加入更多的参考因子，如此一来，你对人生的看法才会有崭新的角度。而且，通过实践，我们会发现生命的确是有所不同的。

有个蛋糕理论认为：先相信这块蛋糕的存在，勇敢去品尝它、创造它，去感受它的存在对你的生命的意义。我们不应停留在讨论蛋糕是否存在的哲学问题上，我一直相信，人通过自己的信心、热情及理想，可以将理想化作现实。现实和理想是永远不会互相抵触的，做父母的应该思考，要如何帮助孩子把他今天的梦想转化为明天的现实。其实，大人从孩子身上学习到的东西反而更多，我们需要孩子般的乐观活力。我们是孩子生命蜕变的跳板，孩子也是我们生命转变的动力。

（四）

问：孩子出现手足嫉妒的行为怎么办?

答：不必急着叫大的让着小的，或一生气就都处罚，或拼命地讲道理："你长大了，懂事了，应该让着弟弟妹妹的。"而要一再向孩子保证你是爱他的，对他的爱不会因为弟弟妹妹的出现而减少。了解孩子心中是否有委屈难过的感觉，而非一味地教育、指责他。若孩子心中有难过的感觉，要引导他说出来，再拥抱、安抚他。

问：孩子人际关系不好，父母应如何帮助他?

答：现代很多家庭都只有一个孩子，孩子缺乏和同龄人互动的经验，因此多半缺乏人际交往技巧。父母可以考虑让孩子参加儿童团体、亲子夏令营之类的活动，脱离父母、长辈，和一群大朋友、小朋友过团体生活，在团体互动中培养人际互动技巧。

问：孩子经常过度自信，每件事都要表现得最好，怎么办?

答：我首先会问一个问题，做父母的是否也是爱面子、凡事不能输、要做到最好的那种人?孩子有自信、凡事想表现好并没有问题，但当他过度自信，事事都要胜过别人，那就代表这个孩子其实是内心脆弱，而且输不起，一旦输了，可能就信心崩溃了。此时，我们要告诉孩子，人生不是得到就是学到，输了并不可怕，也不代表失败，人生的路很漫长，谁都难免会遇到挫折。

问：我担心孩子交到一些坏朋友，影响他的未来，怎么办?

答：孩子若开始有一些不良分子或辍学的朋友，父母先不要急着阻止或批评，因为有可能适得其反。我们要先了解，孩子是否在家、在学校得不到支持、认同、关爱及肯定，因而转向那些所谓的坏朋友身上得到关心及认同？先了解这点，我们才能从根本上帮助孩子，而非一味地指责他。

问：我要如何培养孩子的同理心？

答：同理心是一个非常重要的人际交往技巧，正所谓“将心比心”“己所不欲，勿施于人”“知己知彼，百战不殆”。孩子若能培养好的同理心，对他们未来的人生将有重大的帮助。我们在日常生活中要经常引导孩子去思考：除了自己之外，从别人的立场，别人会如何看待或感受这件事呢？不同的人有不同的立场和感受，你可以分析给我听听吗？这样的提问就可以训练孩子的同理心。

问：孩子闹情绪时会说：“早知道我出生前就先死掉，现在就不会被你骂了。”这些话常令父母心痛和不忍，该用什么方法引导孩子接受自己？

答：许多孩子（尤其是青少年时期）内心都有这样的痛苦，他们生活的环境很单调，日子很苦闷，但学习压力却相对增加。当我们责骂小孩时，代表我们不接受他，那么，孩子怎么能在这样的情况下接受自己呢？青少年成长时期的一个关键，是孩子发现父母也会犯错。如果我们能提早让孩子明白，父母并不代表绝对的是非标准，而是给他参考的重要对象之一，且父母也可能犯错，那么亲子间的相处会融洽得多。

孩子心目中的父母，就仿佛全能的上帝，能让他凡事依赖。当孩子开始慢慢拥有自我后，父母的地位就开始改变。孩子是从父母身上学习接纳自己的。如果能让孩子明白父母也会有情绪，也可能说错话或做错事，而非全知全能的人，便能引导孩子用宽容的态度接纳自己的犯错，这就是重大成长的开始。在我们责骂孩子时，要让他理解这不代表他不好或我们不爱他，如此一来，孩子会反过来安慰大人，同时也能接纳他自己。

问：我家中的老大常会偷偷欺负老二，狠狠去教训或处罚他也不见得有用，我该如何处理较妥善?

答：当大人站在反对立场或摆出纠正姿态时，效果往往不明显。有时，孩子会借由打人或惹对方生气而感受到报复的喜悦，所以当我在治疗过程中碰到这类小孩打我时，我采取的方式是表现出极度痛苦的样子，引发他的恻隐之心，通常他便舍不得再打我。

我觉得，碰到这种情况时，父母可以先暂不出手，不要急着处罚老大或心疼老二，这反而会让老大认定老二是自己屈辱和失宠的根源，因而在父母背后欺负得更凶。父母应该在事后和老大单独约谈，不要指责他的错，应先了解老大行为的背后是否有委屈、愤怒、报复的情绪，如果有的话也不要急着纠正，而是同理他的情绪，但要让他了解这并非同意他的行为，支持他但不支持他的不恰当行为。

我们再回归到爱的本质这个问题上来谈，到底什么是爱的本质？爱又为何会令人感到匮乏？如果父母只是给予孩子物质方面的爱，那么在老二出现后，老大必然会感受到来自父母的资源和时间不如以往，便把一切怪罪到老二身上。如果父母让老大感受自己得到的是自由、独立的爱，即使父母不在身旁，也不令老大感到恐惧和匮乏，那么老大就不会因为老二的出现而感到匮乏，想去争夺那份爱了。

我们要先接纳孩子行为背后所传达的信息，让他的自我先得到肯定，这样孩子才会心软，此时晓之以理的效果方能显著。

问：每当父母责备我时，我都会心想："你给我记住，以后你老了的时候最好别做这种事！"而且心中还会把这件事记好久，请问该怎么办?

答：各位大人朋友，你们都听见了吗?孩子往往只知道父母在处罚他，却无法体会父母这么做的苦心，也不了解父母真正的爱。孩子如果内化了这个信息，那么，当有一天父母年纪大了、反应迟缓或生活习惯不良时，也可能会因为相同的理由而受到孩子的责骂。要记住，任何目的都不能把手段合理化。我们必须先让孩子感受到，父母对他的爱必然超过对他的要求和期待，一旦孩子觉察到这份爱，行为自然会转化。

因此，不管你相信或不相信，我都要告诉你，父母也是人，也可能犯错，但是我相信他们一定是爱你的。记住这一点，一切都没有问题。

（五）

问：孩子喜欢和父母顶嘴，该怎么办?

答：首先，不要用大人的权威命令孩子听你的，或大声地责备、打骂，记住，弹簧压得越用力，反弹力就越大。其次，要学会太极拳的四两拨千斤的方式。你可以告诉孩子，如果认为自己是对的，那就用自己的方式去试试看；如果不行，再参考爸爸妈妈的方法也可以。再次，要让孩子有充分表达的机会，父母也要学会尊重孩子的意见、看法，这样孩子也会尊重大人的意见、看法。

问：现代社会充满了竞争，我担心孩子未来比不上别人，怎么办？

答：这是每一个现代父母的焦虑，常常怕孩子输在起跑线上，未来在社会上无法生存。但是我要说，这已经偏离亲子关系的主轴了，良好的亲子关系是一种人生的幸福，是全家快乐的源泉。若父母只知道担心孩子的未来，每天烦恼、焦虑，这是一种负面能量的投射，当父母投射越多的负面能量给孩子，其实反而削弱了孩子的信心。我常讲，赏识你的孩子，相信你的孩子，他的表现自然会更好。

问：公公婆婆经常插手我教育孩子，该怎么办？

答：我很同理你这位有无力感的妈妈，但我希望你先找先生好好地沟通交流一下，先取得先生的支持、认同，再找个机会（当孩子不在的时候）和你的公婆好好地谈一谈。你可以告诉他们：“我知道你们很疼孩子，也感谢你们对孩子的爱与关心，但孩子的未来是我这个妈要负责的，因此，我也需要你们对我的支持。”当你用一种温和且坚定的方式去表明态度时，记住，不要伤了老人家的心，我想老人家是能理解的。

问：我常会打小孩，这样的方式对不对？

答：轻轻地打手心或屁股是容许的，但当小孩上了小学之后，建议父母尽量不要再用打骂的方式。打骂的方式固然短暂有效，但对孩子的心理健康会有不利的影响。当孩子不乖、犯错的时候，父母要先处理好自己的情绪，避免情绪失控。如果打伤了孩子，不但自己心疼，也伤了孩子的心。

问：爸爸对孩子的方式非常权威，造成了孩子的害怕，我应该怎么办？

答：找你的先生好好谈一谈。首先同理先生上班的辛苦，理解他对孩子的要求和期望，谁不是望子成龙、望女成凤？但要告诉他，孩子很爱他，很在乎爸爸对他的鼓励、称赞，如果爸爸可以花点时间陪伴小孩，不是只知道指责、说教，孩子会很高兴，也会学习得更好。当你用温柔理性的方式和先生说，我想先生是会接受的。

（六）

问：孩子在学校被人欺负，怎么办？

答：拜托，不要一味教小孩忍耐或反击回去，而是先了解情况，心平气和地到学校和老师沟通，了解发生了什么事。也不需急着找对方家长理论，可以先让老师和校方处理。此外，这是一个很好的教育机会，要让孩子明白，这种情况在社会上也有可能发生，我们要学习如何保护自己，不是只知道害怕或反击，而是学会和对方沟通、讲理，不畏战也不求战，和对方成为朋友或令对方知难而退，这才是我们应该让孩子学到的。

问：孩子不喜欢做作业，怎么办？

答：诚实一点，谁天生喜欢上学、写作业呢？所以，先同理孩子的不喜欢，再告诉他，不喜欢做还得痛苦地做、拖拖拉拉地做，还不如赶快做完，多点时间玩耍呢！此外，不要一味逼孩子做功课，而要引导他培养出阅读的乐趣、写作业的兴趣及成就感。还有，在他身边陪他写作业也是一种亲子温馨交流呢！

问：孩子每到上学、考试、交作业时，就生病、肚子痛怎么办？

答：不要急着骂孩子，或拆穿他的把戏，而是温和地询问他是否遇到什么困难了，是否担心考试考不好被骂，或作业做不好被指责？先了解孩子的痛苦困难在哪里，再帮他化解，并告诉孩子爸妈是爱他的，随时准备帮助他，请他不要以生病的方式来逃避问题。这是紧张的情绪造成的，因为紧张的情绪会影响我们自律神经的运作，进而加速肠胃蠕动，造成肚子痛或拉肚子的现象。此时，父母要注意几点：第一，孩子考试前要吃清淡、易消化的食物；第二，父母本身也不要太在乎孩子的分数，造成孩子的压力；第三，要告诉孩子，尽力就好，成绩好坏不要太在乎，越放松，考试成绩就会越好。

问：孩子太在乎成绩，父母要怎么办？

答：恭喜你！孩子在乎成绩总比不在乎成绩好吧？所以，你要先肯定孩子有荣誉感、有上进心；但也要告诉孩子，成绩只是人生的一部分，并非全部，一时的分数并不是人生的成败，趁机培养孩子宽阔的人生观。此外，父母也要自我省思，自己是不是那种爱面子、输不起的父母？教导孩子不要一味想赢，也应该学会从失败中学习经验教训，才是正道。

问：孩子被老师抱怨上课不专心，父母怎么办？

答：首先要了解孩子不专心的程度，是在老师上课时走来走去、吵吵闹闹，还是爱和同学说话？当老师制止时有效吗？被指正后可以专心多久？如果情况严重，建议看儿童心理科，让医生评估是否为多动症，除非情形相当严重，否则不建议用药。此外，探讨孩子不专心的原因非常重要，如果他根本听不懂老师在说什么，进入不了学习状态，当然会动来动去；还是他一下子就懂了，老师还一再说，他便不耐烦了。记住，找到原因是非常重要的。

问：孩子拒绝上学，父母该怎么办？

答：这种现象被称为厌学症，是现代社会儿童常见的问题。首先，父母和老师不要急着逼孩子赶快回到学校，担心影响学习进度，这样的处理方式反而欲速则不达。要静下心来探讨：孩子为什么不肯上学？他在抗拒什么？害怕什么？许多孩子不喜欢老师过于严格的教学方式，也有一些孩子不喜欢竞争式的学习，怕有压力、怕失败。总之，我们要先了解原因才能真正有效地帮助孩子。

问： 我的孩子功课一直比不上别人，孩子的未来怎么办？

答： 天生我材必有用，上帝关了一扇门，必为你打开另一扇窗。建议你先不要太担心，首先找出孩子功课为什么不好的原因，是缺乏学习兴趣、缺乏引导关心他的老师，还是缺乏父母的关爱和陪伴？先找出问题的原因再有针对性地改善。此外，也许孩子的天分并不在功课上，他是不是个音乐天才或运动天才，则有待你细细地观察和栽培哦！

问： 小孩有一门功课特别不好，怎么办？

答： 首先不要过于紧张或责备孩子，而是要先弄明白，到底孩子的困难在哪里，因为每一门功课都有其独特之处，也都有其特殊的学习方式。比如数学，孩子是否缺乏一对一的引导式教学，如果是的话，请一个数学家教，引导孩子突破对数学的恐惧，找到学习窍门，成绩就能突飞猛进了。

（七）

问： 孩子常常吵着要玩具，物欲太强怎么办？

答： 基本上，首先要肯定孩子“想要”的需求，毕竟人类有需求才会有前进的动力；其次，如何将孩子的需求化为他可以努力的方向，则是对父母智慧的考验。比如，给他一定额度的钱，引导他的财务规划和收支平衡，或由零用钱、压岁钱中扣除，引导孩子评估自己花钱的先后顺序。让孩子建立现代的金钱观是父母的一门必修课。

问：孩子很粗心，忘东忘西的，父母该如何处理？

答：首先，训练孩子三思而后行的习惯，比如让孩子自己查看第二天上学时的衣服、文具、功课是否都已准备好了。其次，培养孩子列清单的习惯，现在要做哪一件事，必须先准备哪些东西，又有哪些先后的步骤。再次，在孩子的房间弄个备忘录看板，把一些容易忘记的、当日要做的在上面写好，以便随时自我提醒。

问：如何增加孩子的创造力？

答：创造力和想象力有关，父母要经常和孩子一同看故事书、卡通片、童话电影，引导孩子充分打开想象力。“用想象力来解决问题”是一个有趣的亲子脑力激荡活动，面对问题时，鼓励孩子多想几个方法，灵活地解决问题，也可以促进孩子的脑部发育。

问：孩子缺乏自信心，家长应如何培养孩子的自信心？

答：首先，停止将孩子和别人做比较，因为一再被比较的小孩，又赢不过别人，当然会越来越没信心。其次，请问问自己，我们是否也是那种胆小害怕、没有自信的父母？公平一点，你自己都做不到，还希望孩子有自信心？记住，言教不如身教，要从你自身着手。再次，经常称赞孩子的优点和做得好的地方，而非一再指责他这里那里没做好，又粗心又大意的。

我们要先学习不要把“没有信心”当作问题处理，这反而会造成孩子的内心阴影，觉得自己有问题，应该让孩子了解“没有信心”只是短暂的，是许多人都曾经历的普遍心理现象。在给予他肯定之后，再进一步去引导他。

人常因为别人跟自己处境类似而生起同理心或同病相怜之感，内心也因此得到一层慰藉。与其口头上拼命要孩子有自信，不如坐下来和孩子好好分享你自己的成长历程。也许你也曾经是一个害羞、没胆子的小孩，也许你现在也还是一个没自信的大人，但这些都不重要，重要的是亲子间进行坦诚的促膝长谈、经验分享，这远比说教有用多了。

问：我如何知道自己有没有把孩子宠坏了？

答：当你过度为孩子着想，什么都帮他准备好、处理好，随时准备为他服务时，别怀疑！你一定是宠坏他了！当你的孩子开始以自我为中心，认为别人为他做事、付出都是应该的，那他已经被宠坏了。让孩子为自己负责任是父母的责任，当孩子逐渐长大时，父母在很多事情上要让孩子“自己来”，而非什么都帮他做好，否则孩子永远不会长大。

问：我的儿子个性比较软弱，我应该怎么办？

答：每个人的先天气质本来就不一样，不要急着改变他或训练他成为一个男子汉，而是问自己，是否我的儿子有艺术、音乐、设计或人文方面的天赋？是否我的儿子个性较敏感、有同理心和爱心，也许他将来会是一个杰出的心理学家呢？此外，你也要经常鼓励他勇于尝试，不怕犯错，毕竟失败为成功之母嘛！

问：我们的家庭因爸爸过世而必须生活节俭一些，但儿子有习惯性浪费的现象，因此受到我和他姐姐的批评。而今，每当他想做某件事之前，都会先认定：反正你们都会说我很浪费，那我干脆放弃不要做好了，但他内心又充满了委屈。面对这类情况，我该如何处理?

答: 我们要掌握“如何运用一个孩子的天性来培养他”的原则，帮助孩子把他的缺点转化为驱策他成长的动力，通过把孩子交还给他自己，让他学会为不负责任的行为负起责任。

孩子的成长是通过行为、语言来得到回馈的，而他的生命也是在不断回馈中成长的。因此，家长可以设计一个自主管理方案，让孩子自主管理自己的零用钱和开销，并参与整个家庭的经济讨论，相信你会发现孩子远比你以为的明理、懂事多了。

(八)

问: 孩子特别爱看电视，尤其是暴力节目，怎么办?

答: 你们要先自我检讨，是否父母陪孩子做作业、陪孩子玩的时间太少了，孩子无聊才会一再看电视?你们是否需要多安排一些亲子活动、户外活动，而非一天到晚都待在屋子里?孩子爱看暴力节目是对活动力的需求，可以引导孩子学习球类、游泳、跆拳道等剧烈运动，让孩子的精力及时发泄。

问: 孩子沉迷网络，家长怎么办?

答: 家长先不要太担心，现代小孩应用网络是必要的能力。此外，有些小朋友在现实世界找不到自我价值及成就感，也会寻求在网络世界得到自我肯定；有些小朋友是因为逃避家中不好的情绪或课业压力，才躲到网络世界里去，因为他只要一上网，就可以忘记现实的压力了。这时应了解孩子的困难，再将他引导回现实世界才是智慧的做法。

问：应该让孩子学习音乐或乐器吗？

答：如果孩子不是强烈反抗的话，学习音乐或学会一两样乐器是个不错的主意，但是切记，孩子不是为了满足父母的成就感和面子而学，而是为了培养自己的音乐素养而学。如果有浓厚兴趣和天分的话，也许孩子有一天会走上音乐的道路，也是未来人生的一个不错选择。

问：我应该让孩子学习很多才艺吗？

答：切记，贪多嚼不烂。孩子的才艺学习不能勉强，也不要过多，选孩子有兴趣的一两样，作为生活的陶冶及未来生命乐趣的加分。而且，学才艺是为了快乐，为了培养未来广泛的兴趣，不是为了功利思想或赢过别人而学的，这样太辛苦了。

问：孩子虽然明知不该吵着要买玩具，但仍吵着要，而且玩具往往才玩一天就坏了，这时父母该怎么办？

答：这个问题得先考虑父母的财务状况才能回答，但我要说的是，任何做法都没有真正的对或错。我只提醒大家留意，这牵涉了几个问题。首先是父母和孩子的互动模式——是孩子要父母就给，或者是用玩具打发孩子、满足他的物欲而已？还是陪他一起玩、一起成长？另外，我们应观察孩子要玩具的背后理由，是“别人有，我为何没有”这种满足新鲜感的心态呢，还是通过玩玩具的过程来满足心灵的学习及成长需要?

问: 我的孩子有同性恋倾向，怎么办?

答: 不要急，在青少年阶段，几乎有三分之一的孩子会显现出同性恋倾向，但不代表他长大之后一定会变成同性恋。顺便告诉你，如果你的小孩是同性恋，也不用太担心，因为医学上已证明这是一种基因现象，既不是你的错，也不是病态，基本上不需矫正，因为矫正也没有用。家长应该具备的基本心态是接纳他、支持他、鼓励他，而且，未来社会对同性恋的接纳程度会越来越高。

(九)

问: 小孩到五六年级还会经常尿床，怎么办?

答: 首先，你得带孩子到儿童泌尿科检查，看是否有器官的问题。如果没有，那你要检讨家庭的气氛，是否父母常吵架、打架、闹离婚；或父母某一方，或主要照顾者，经常用打骂、威胁的方式对待小孩，说“你再不乖，我就不要你了，把你送走”之类的话，令孩子心生恐惧和不安全感，才一再出现尿床的行为。

问: 孩子会经常啃指甲、抠指甲，这是怎么回事?

答: 这是焦虑情绪的一种行为表现，表示这个孩子经常在一种紧张、害怕、焦虑的情绪中。此时，父母应留意孩子到底在紧张、害怕什么。你可以问他，是不是害怕功课做不完？是不是害怕被大人打骂？是不是害怕爸爸妈妈吵架？是不是害怕父母不要你？当我们耐心地探讨时，一定会找到原因。当然，对孩子的安抚和爱的保护也是必要的。

问：孩子一天到晚生病，经常感冒咳嗽，怎么办？

答：很多小孩一天到晚看医生，吃了一大堆的药，包括抗生素，反而容易导致体质虚弱，抵抗力不足，更容易生病。此时，父母给孩子一个关于健康的正面信念及对身体的正面暗示非常重要。因为孩子是单纯的，当我们用正面的信念来暗示他的时候，会非常有效。你可以告诉孩子："宝贝，你天生是健康的，你的身体很强壮，会一下子就把病毒、细菌都赶跑，等你好了，爸爸妈妈再带你去玩好玩的、吃好吃的！"如果善用暗示，孩子很快就会恢复健康了。

问：孩子晚上睡觉时会磨牙、做噩梦，这是怎么回事？

答：这是孩子在白天累积了紧张、恐惧的情绪，晚上睡觉时在释放紧张情绪的现象。此时，父母应开始了解及探讨孩子的情绪，是否遇到了一些有压力的情形，是学习压力、人际关系压力，还是家庭压力？如果孩子心中有恐惧，那他到底在害怕些什么？是否老师太凶了，还是在学校被欺负了，不敢告诉父母？这都是我们要去了解的。

问：我的小孩是选择性不语症，他只和自己的家人说话，不和外人、老师及同学说话，我该怎么办？

答：这是一种和遗传及先天性格有关的心理疾患，我建议你求助儿童心理科的专家，做智商及性格评估。但一般而论，这样的状况也反映了整个家庭的心理氛围，这个家庭的成员可能觉得家庭之外的人很危险。在这样的家庭中，会经常告诉小孩，不要和不认识的人说话，因此导致了孩子的不安全感、警戒心，最终只肯和家人说话。

致谢

本书的顺利出版，首先感谢深圳市麦田心灵文化产业有限公司，该公司参与的中国下一代教育基金会数字校园专项基金“十三五”教育科研规划重点课题“教育均衡发展背景下的学校教育最优化研究”总课题组（批准号：DCF130028）下面的“促进学生心理健康发展策略研究”子课题（课题批号：DCF130028-BJ0087），为本书的写作提供了有力的支持。

特别感谢田迈女士、王文侠女士、张专女士、马志明先生，是你们的努力才使这本书得以面世！

感谢李宜懃、戴禹镔、齐世芳、张雅贞、谢欣颐、周和君、锜胡睿、张黛眉、刘媛、陈盈君等诸多朋友在文字整理上的热心帮助！没有你们，就没有这本书！ You create it!

许添盛

2019 年 11 月

Just create!